介護施設で何が起きているのか

高齢者虐待をなくすために
知っておきたい現場の真実

著 吉田輝美

ぎょうせい

はじめに

　平成28（2016）年2月6日の朝刊各紙で「介護施設で虐待　最多300件」という記事が紙面を賑わせた。厚生労働省が、前日の2月5日に平成26（2014）年度の高齢者虐待に関する結果を公表したのである。前年度比35.7%増となったこの数字を、どのように考えればいいのであろうか。一体介護現場はどうなってしまったのであろうか。何が起きているのであろうか。また、この事態を収束・改善させるためにはどうすれば良いのだろうか。そして、この数値を見た驚き以上に、これらの現状に対するやり場のない怒りと悲しみが筆者を襲った。

　本書の原稿を書き始めた平成27（2015）年9月上旬には、マスメディアはこぞって川崎にある有料老人ホームで起こった入居者の不審死事件や、介護職による入居者への暴行事件を報道していた。このことにより、埋没されていた介護労働者による高齢者虐待がにわかに世間の注目を浴びることとなったのである。本事件は特定職員による高齢者虐待であったが、世間の感情は「他の事業所でも似たようなことが起きているのではないか」という不安をも巻き込み、介護サービスに対する信頼が根本から覆されるような出来事であった。

　さて、平成18（2006）年度分より、高齢者虐待と判断された件数等が厚生労働省のホームページに公表されているが、養介護施設従事者等による高齢者虐待の件数は一向に減らない状況である。高齢者虐待の件数が毎年増加しているのは、有料老人ホームなどの介護保険事業所が増えているからだと言う人もいるが、高齢者虐待発生要因を事業所数の増加のせいにしてはいけないと考える。どんなに事業所が増えても、高齢者虐待はあってはならないことであり、このような高齢者に対する虐待が、全国の介護現場で日常的であるかのように誤解されてはならないものである。と同時に、なぜそのような状況が起きるのか、虐待者当人のみを刑事告訴したり解雇したりすることで問題は解決するのか、また問題が起きる前になぜ教育できなかったのか、雇用者の管理責任は無いのかな

ど、多くの疑問が湧き上がってきた。

　そのようなことを考えていた矢先、翌日の新聞に「ワタミ、介護事業売却」の文字が躍った。一体有料老人ホーム業界では何が起きているのだろうか。

　本書は、介護労働者、いわゆる専門職による高齢者虐待のみに限定して、現場職員が考える高齢者虐待に対する悩みや、防止策を明らかにすることを目的として全国調査結果を分析し、専門職による高齢者虐待が無くなることに寄与したいという思いから上梓するに至った。その背景には、家族による虐待に専門職はどのように介入していくかといった類の高齢者虐待に関する研究や文献は多々見られるが、介護労働者に限定してみると、まだまだ十分とは言えない。また、これまでの研究の多くは、虐待ではないかと通報されてからの対応に関するものが多く、発生後に対する研究が中心となっていることに非常に疑問を持ったのも事実である。そもそも、厚生労働省をはじめとする関係機関においては、「高齢者虐待防止」と言っておきながら、発生後の手立てばかりを論じているものと筆者は感じている。しかしながら、そうならざるを得なかったとすれば、防止対策には大変な困難さが内包していることの裏返しであるとも考えられる。

　第1章では、平成18（2006）年4月に施行された高齢者虐待防止法による養介護施設従事者等による高齢者虐待の現状について、厚生労働省のデータから発生推移を整理しながら、現行法における高齢者虐待の状況の公表の課題を明らかにした。
　高齢者虐待の状況の公表の現行課題や介護現場の職員自身の高齢者虐待防止に対する意識を明らかにし、深慮するため全国調査を試みた。その調査設計について第2章で述べた。
　第3章では、厚生労働省による高齢者虐待の捉え方を整理し、特に平成24（2012）年度の公表に着目し、第4章以降への橋渡しとした。

第4章では第3章を受け、介護労働者が厚生労働省による高齢者虐待の状況の公表をどのように認識しているか調査した結果をまとめた。

　第5章では、高齢者虐待の発生要因の一つに、利用者とのコミュニケーションの問題が潜在化しているのではないかという疑問から、介護労働者の視点で利用者とのコミュニケーションの問題を整理した。

　第6章では、「高齢者虐待の芽」といわれる「不適切なケア」について、介護労働者たちは何を「不適切なケア」としているかをまとめ、その「不適切なケア」に至る原因について言及した。

　第7章では、介護労働者が捉える高齢者虐待の発生要因と再発防止策について調査結果をまとめ、第3章の厚生労働省の公表内容との比較を行った。

　第8章では、介護労働者の人権意識を調査し、介護労働者は何を重視しながら日々の業務を行っているかについて明らかにした。

　第9章では、高齢者虐待と感情労働との関係について整理し、介護労働者による高齢者虐待をどのようにして防止していくかを一つの提案としてまとめた。

　終章では、本書上梓のきっかけの一つとなった平成27（2015）年川崎市内で起きた高齢者虐待に関する報道内容等をまとめ、平成27年4月の介護報酬改定と関連させて本書を閉じた。

　なお本書の中心的な調査は、平成26（2014）年度から平成28（2016）年度文部科学省科学研究費助成事業（挑戦的萌芽研究）より助成を受けて（課題番号JP26590116）実施したものである。

　介護労働者による高齢者虐待は本当に無くならないのか。介護労働者の思いに光を当てて、介護労働者が自分たちのこととして真摯に向き合い、高齢者虐待防止に声を上げることができればと願っている。

　平成28年9月

吉田　輝美

● 目　　次 ●

はじめに ………………………………………… 1

第1章　養介護施設従事者等による高齢者虐待の現状 …… 9
　1　高齢者虐待防止法による養介護施設従事者等の定義　9
　2　養介護施設従事者等による高齢者虐待への対応　10
　3　全国の養介護施設従事者等による高齢者虐待　21
　4　都道府県における公表項目の状況　22
　5　「高齢者虐待の状況の公表」の現状　23
　6　公表制度の再考　24
　7　メディアによる高齢者虐待の公表　25
　8　継続的なマスメディアへの掲載　27
　9　養介護施設等の従事者を育成する視点　27
　10　従事者に必要とされる学びのプログラム　28

第2章　本研究の方法 ………………………… 31
　1　介護労働者に対するアンケート調査対象者選定　31
　2　倫理的配慮　33
　3　回収率　34
　4　調査対象者の基本属性　36

第3章　高齢者虐待の公表による虐待の捉え方 …… 38
　1　平成24年度からの公表内容　38
　2　厚生労働省による虐待の発生要因　38
　3　個人の資質と高齢者虐待の関係　42
　4　介護労働者と虐待の発生要因の関係　44

第4章　介護労働者にとっての高齢者虐待防止法第25条 …… 46

1　高齢者虐待の状況の公表認知度　　46
　　2　高齢者虐待の状況の公表情報入手先　　47
　　3　日常業務と「高齢者虐待の状況の公表」の関係　　48
　　4　「高齢者虐待の状況の公表」に対する視点　　50
　　5　高齢者虐待防止法第25条の実情　　62
　　6　脱ワンサイドゲーム　　65

第5章　介護労働者が考えるミスコミュニケーション　…　67
　　1　コミュニケーションエラーとは　　67
　　2　コミュニケーションのパターン　　68
　　3　ミスコミュニケーション　　71
　　4　ミスコミュニケーション調査　　72
　　5　ミスコミュニケーション体験の有無　　73
　　6　ミスコミュニケーションの発生時間帯　　75
　　7　ミスコミュニケーションの発生要因　　76
　　8　ミスコミュニケーションの責任の所在　　76
　　9　実際に発した言葉の分類　　77
　　10　ミスコミュニケーションの発生背景　　83
　　11　ミスコミュニケーションの発生状況　　86
　　12　ミスコミュニケーションがもたらすこと　　87

第6章　介護労働者による「不適切なケア」の認識　…　90
　　1　高齢者虐待と不適切なケアの関係　　90
　　2　不適切なケア調査　　92
　　3　「不適切なケア」言葉の認識度　　92
　　4　「不適切なケア」の内容に関する自由記述　　93
　　5　「不適切なケア」に至る原因　　94
　　6　「不適切なケア」を少なくするために必要な研修　　98
　　7　不適切なケアの具体的事象　　100

8　不適切なケアの背景　　102
　　9　研修の必要性　　103
　　10　今後求められること　　104

第7章　介護労働者が考える高齢者虐待の要因と再発防止とは … 107
　　1　介護労働者による高齢者虐待の現状　　107
　　2　介護労働者が捉える虐待発生要因調査　　108
　　3　自治体別による高齢者虐待発生要因の傾向　　109
　　4　状況の公表認知と高齢者虐待発生要因の傾向　　109
　　5　事業所別高齢者虐待発生要因の傾向　　110
　　6　年代別高齢者虐待発生要因の傾向　　111
　　7　取得資格別高齢者虐待発生要因の傾向　　112
　　8　役職の有無による高齢者虐待発生要因の傾向　　114
　　9　高齢者虐待発生要因その他の自由記述　　115
　　10　自治体別高齢者虐待の再発防止策　　116
　　11　事業所別高齢者虐待の再発防止策の傾向　　117
　　12　年代別高齢者虐待の再発防止策の傾向　　118
　　13　取得資格別高齢者虐待の再発防止策の傾向　　119
　　14　役職の有無による高齢者虐待の再発防止策の傾向　　120
　　15　状況の公表認知と高齢者虐待の再発防止策の傾向　　121
　　16　高齢者虐待の再発防止策その他記述内容　　122
　　17　厚生労働省発表との差異　　124
　　18　高齢者虐待と倫理観　　125
　　19　再発防止策としての研修志向　　127
　　20　罰則志向と脱罰則志向　　128
　　21　個人と組織の関係　　130

第8章　介護労働者の人権意識 … 132
　　1　人権の捉え方　　132

2　調査項目と分析方法　　133
　　3　自治体別による人権に関する意識　　133
　　4　事業所別による人権に関する意識　　135
　　5　経験年数別による人権に関する意識　　135
　　6　役職の有無による人権に関する意識　　140
　　7　介護労働者の人権感覚　　140
　　8　個人の尊厳とは　　142
　　9　利用者にとっての財産権　　144
　　10　価値観　　145
　　11　人権感覚と高齢者虐待の関係　　146

第9章　感情労働と介護労働者による高齢者虐待　　149
　　1　介護労働者による高齢者虐待の公表の裏側　　149
　　2　行政文書保存の問題　　150
　　3　状況の公表との乖離　　151
　　4　行政文書開示の差異　　153
　　5　介護労働者の現状　　155
　　6　介護労働者と感情労働　　159
　　7　高齢者虐待と感情労働　　162
　　8　これからの介護労働者による高齢者虐待防止に向けて　　166

終　章　　174
　　1　老発1113第1号厚生労働省老健局長通知考　　174
　　2　老発1113第1号通知本文から　　175
　　3　高齢者虐待の未然防止　　176
　　4　通報者の保護　　178
　　5　厚生労働省通知と研修の関係　　179
　　6　感情労働としての介護労働への提案　　180
　　7　緊急報告　　182

資　料 ·· **187**
　○有料老人ホーム「Sアミーユ川崎幸町」の処分に係る指令書の手交について（報道発表資料）（平成27年12月21日）　187
　○養介護施設従事者等による高齢者虐待の再発防止及び有料老人ホームに対する指導の徹底等について（通知）（老発1113第1号平成27年11月13日）　188
　○別紙1・高齢者虐待の防止、高齢者の養護者に対する支援等に関する法律に基づく対応の強化について（老発0206第2号平成27年2月6日）　192
　○平成26年度「高齢者虐待の防止、高齢者の養護者に対する支援等に関する法律に基づく対応状況等に関する調査」の結果及び養介護施設従事者等による高齢者虐待の状況等を踏まえた対応の強化について（通知）（老発0219第1号平成28年2月19日）　198

おわりに ·· **203**

第1章
養介護施設従事者等による高齢者虐待の現状

　平成18（2006）年4月に施行された高齢者虐待防止法では、65歳以上の高齢者が養護者から虐待を受けた場合に、被虐待者の保護と養護者に対する支援を目的としている。ここでいう養護者とは、介護サービスを提供することを業とする養介護施設従事者等以外の者であり、一般的に家族や親族等の在宅介護者を指している。同法第2条では、養介護施設従事者等による高齢者虐待も規定し、第20条から25条において、具体的な養介護施設従事者等による高齢者虐待の防止等が明記されている。本書では、介護サービスを提供することを業とする者による高齢者虐待に限定し、高齢者虐待の現状をまとめていくことにする。

1　高齢者虐待防止法による養介護施設従事者等の定義

　厚生労働省（2006）の資料「養介護施設従事者等による虐待への対応」から、用語の定義をまとめると次のようになる（表1-1、表1-2）。高齢者虐待防止法第2条では、老人福祉法と介護保険法を法的根拠として、高齢者を入所させる施設や在宅サービスを提供する事業所と、そこに雇用され介護サービスに従事する職員による高齢者虐待を防止することを規定している。

第1章　養介護施設従事者等による高齢者虐待の現状

表1-1　養介護施設と養介護事業所の定義

高齢者虐待防止法 第2条にもとづく定義		養介護施設	養介護事業所
根拠法	老人福祉法	老人福祉施設（地域密着型施設も含む） 有料老人ホーム	老人居宅生活支援事業所
	介護保険法	介護老人福祉施設 介護老人保健施設 介護療養型医療施設 地域包括支援センター	居宅サービス事業 地域密着型サービス事業 居宅介護支援事業 介護予防サービス事業 地域密着型介護予防サービス事業 介護予防支援事業

出典：厚生労働省（2006）「養介護施設従事者等による虐待への対応」より筆者作成

表1-2　養介護施設従事者等の定義

高齢者虐待防止法 第2条にもとづく定義	養介護施設従事者等
	「養介護施設」又は「養介護事業」の業務に従事する者

出典：厚生労働省（2006）「養介護施設従事者等による虐待への対応」より筆者作成

2　養介護施設従事者等による高齢者虐待への対応

　高齢者虐待防止法第20条から第25条では、養介護施設従事者等による高齢者虐待が発生した場合の対応について規定している。
　第20条では、「養介護施設従事者等による高齢者虐待の防止等のための措置」として、養介護施設や事業所においては、その従事者等に対する研修を実施するように定めている（表1-3）。また、サービス利用者やその家族から苦情があった場合の対応に関する体制づくりや、養介護施設従事者等による高齢者虐待の防止等について対応することが規定されている。これは、利用者やその家族からの苦情を端緒とし、養介護施設従事者等による高齢者虐待の有無を見つけることができるようにすることが期待されているといえる。同時に、養介護施設従事者等が高齢

2　養介護施設従事者等による高齢者虐待への対応

表1－3　高齢者虐待防止法第20条

第20条　養介護施設の設置者又は養介護事業を行う者は、<u>養介護施設従事者等の研修の実施</u>、当該養介護施設に入所し、その他当該養介護施設を利用し、又は当該養介護事業に係るサービスの提供を受ける高齢者及びその家族からの<u>苦情の処理の体制の整備</u>その他の養介護施設従事者等による<u>高齢者虐待の防止等のための措置</u>を講ずるものとする。

（下線は、筆者による）

者虐待に関する研修を受けることにより、その防止に努めることも期待されている。

　養介護施設従事者等に対する高齢者虐待に関する研修等を実施しても、不幸なことに高齢者虐待が起きてしまった場合について、その発見者や被害高齢者による通報を第21条において規定している（表1－4）。通報先は市町村であるが、通報の段階では虐待と断定できなくともよく、「高齢者虐待を受けたと思われる」という状況での通報を求めている。ここで想定される通報者とは、虐待との関係性で言えば同業者や同事業所で働く養介護施設従事者であり、その者が市町村へ通報したことをもって制裁を受けるようなことが無いよう、第7項において解雇や不利益な扱いをうけないよう規定している。つまり、内部通報者保護について明記することによって、虐待の発見に努めることになっている。また、虐待を受けた当事者である高齢者自身が虐待の状況を市町村へ伝えることができることも明記され、それは「届け出」とされている。

　一方で、虐待をしてしまった当事者による「申し出」については明記されていない。高齢者虐待防止法は、養護者に対する支援をも目的とした法律であるが、この養護者支援に養介護施設従事者等が含まれるか否かといった点については、まだまだ議論の余地がある。そもそも、養介護施設従事者等は高齢者虐待など起こさない善人者であるという発想からスタートしているとすれば、そのような理想を描くことは自由であるが、それは浅慮であり、事が発生した場合の対処への備えとしては不十分ではないだろうか。

第1章　養介護施設従事者等による高齢者虐待の現状

表1-4　高齢者虐待防止法第21条

第21条	養介護施設従事者等は、当該養介護施設従事者等がその業務に従事している養介護施設又は養介護事業（当該養介護施設の設置者若しくは当該養介護事業を行う者が設置する養介護施設又はこれらの者が行う養介護事業を含む。）において業務に従事する養介護施設従事者等による<u>高齢者虐待を受けたと思われる高齢者を発見した</u>場合は、速やかに、これを<u>市町村に通報</u>しなければならない。
2	前項に定める場合のほか、養介護施設従事者等による<u>高齢者虐待を受けたと思われる高齢者を発見した者</u>は、当該高齢者の生命又は身体に重大な危険が生じている場合は、速やかに、これを<u>市町村に通報</u>しなければならない。
3	前2項に定める場合のほか、養介護施設従事者等による<u>高齢者虐待を受けたと思われる高齢者を発見した者</u>は、速やかに、これを<u>市町村に通報</u>するよう努めなければならない。
4	養介護施設従事者等による<u>高齢者虐待を受けた高齢者</u>は、その旨を<u>市町村に届け出る</u>ことができる。
5	第18条の規定は、第1項から第3項までの規定による通報又は前項の規定による届出の受理に関する事務を担当する部局の周知について準用する。
6	刑法の秘密漏示罪の規定その他の守秘義務に関する法律の規定は、第1項から第3項までの規定による通報（虚偽であるもの及び過失によるものを除く。次項において同じ。）をすることを妨げるものと解釈してはならない。
7	養介護施設従事者等は、第1項から第3項までの規定による<u>通報をしたことを理由として、解雇その他不利益な取扱いを受けない</u>。

（下線は、筆者による）

　これらのことを鑑みれば現行法には、虐待をしてしまったと思った養介護施設従事者自身が、自己に対する支援を求めるために本法律を活用するという視点が全くないものと考えられる。さらに広義に解釈すれば、養介護施設従事者が虐待をしてしまいそうだと感じている場合、どこに相談し助けを求めればよいのかという点についても同様である。本来であれば事業所内の上司へ相談することが望ましいことであるが、全ての事業所において職員から「虐待してしまいそうだ」と相談された場合の支援体制が整っているかということについては、難しいところである。

2　養介護施設従事者等による高齢者虐待への対応

それどころか、本人が正直に相談したことをもって、高齢者虐待のリスク要因として解雇されてしまうという最悪の状況に陥る恐れも否めない。そのようなことを考慮すると、虐待をしてしまいそうな養介護施設従事者等については、利害関係のない第三者的な存在の相談支援体制が必要ではないだろうか。

上記法第21条の通報を受けた市町村は、養介護施設従事者等による高齢者虐待と確認できた内容について都道府県に報告することと法第22条で規定している（表1－5、表1－8）。その報告については、厚生労働省令で定める報告様式を用い、毎月報告することとなっている。厚生労働省令で規定された都道府県に報告すべき事項は、6点とされている（表1－6）。

養介護施設従事者等による高齢者虐待について通報や届け出があった場合、それらを受けた市町村や都道府県職員においては、その情報をもたらした者が特定されないようにすることを法第23条で定めている（表1－7）。

表1－5　高齢者虐待防止法第22条

第22条	市町村は、前条第1項から第3項までの規定による通報又は同条第四項の規定による届出を受けたときは、厚生労働省令で定めるところにより、当該通報又は届出に係る養介護施設従事者等による高齢者虐待に関する事項を、当該養介護施設従事者等による高齢者虐待に係る養介護施設又は当該養介護施設従事者等による高齢者虐待に係る養介護事業の事業所の所在地の<u>都道府県に報告</u>しなければならない。
2	前項の規定は、地方自治法（昭和22年法律第67号）第252条の19第1項の指定都市及び同法第252条の22第1項の中核市については、厚生労働省令で定める場合を除き、適用しない。

（下線は、筆者による）

第1章 養介護施設従事者等による高齢者虐待の現状

表1-6 都道府県に報告すべき事項

①虐待の事実が認められた養介護施設・養介護事業者の情報（名称、所在地、サービス種別）
②虐待を受けた高齢者の状況（性別、年齢、要介護度その他の心身の状況）
③確認できた虐待の状況（虐待の種別、内容、発生要因）
④虐待を行った養介護施設等従事者の氏名、生年月日及び職種
⑤市町村が行った対応
⑥虐待を行った施設・事業所において改善措置が行われている場合にはその内容

表1-7 高齢者虐待防止法第23条

第23条　市町村が第21条第1項から第3項までの規定による通報又は同条第4項の規定による届出を受けた場合においては、当該通報又は届出を受けた<u>市町村の職員</u>は、その職務上知り得た事項であって<u>当該通報又は届出をした者を特定させるもの</u>を漏らしてはならない。都道府県が前条第1項の規定による報告を受けた場合における当該報告を受けた<u>都道府県の職員</u>についても、同様とする。

（下線は、筆者による）

2　養介護施設従事者等による高齢者虐待への対応

表1-8　市町村による高齢者虐待の報告書式

養介護施設従事者等による高齢者虐待について（報告）

本件は、当市町村において事実確認を行った事案
☐　養介護施設従業者等による高齢者虐待の事実が認められた事案である。
　☐　特に、下記の理由により、悪質なケースと判断したため、都道府県の迅速な対応を行う必要がある事案である。
☐　更に都道府県と共同して事実の確認を行う必要がある事案である。

(　　　　　　　　　　　　　　　　　　　　　　　　　　　　　　　　　　　　)

（注）（※）印の項目については、不明の場合には記載しなくてもよい。

1　養介護施設等の名称、所在地及びサービス種別
　・名　　　称　：＿＿＿＿＿＿＿＿＿＿＿＿＿＿＿＿＿＿＿＿＿＿＿＿
　・サービス種別　：＿＿＿＿＿＿＿＿＿＿＿＿＿＿＿＿＿＿＿＿＿＿＿＿
　　　　　　　　　　（事業者番号：　　　　　　　　　　　　　　　　）
　・所　在　地　：＿＿＿＿＿＿＿＿＿＿＿＿＿＿＿＿＿＿＿＿＿＿＿＿
　　　　　　　　　　TEL　　　　　　　FAX

2　養介護施設従事者等による高齢者虐待を受けた又は受けたと思われる高齢者の性別、年齢階級及び要介護度その他の心身の状況

性　別	男　・　女	年齢階級※	
要介護度等	要支援　1　2 要介護　1　2　3　4　5 その他		
心身の状況			

　　※　該当する番号を記載すること
　　　1　65～69歳　　2　70～74歳　　3　75～79歳　　4　80～84歳
　　　5　85～89歳　　6　90～94歳　　7　95～99歳　　8　100歳以上

3　虐待の種別、内容及び発生要因

虐待の種別	身体的虐待　　　　　介護・世話の放棄・放任 心理的虐待　　　　　性的虐待　　　　　経済的虐待 その他（　　　　　　　　　　　　　　　　　　）
虐待の内容	
発生要因	

出典：厚生労働省（2006：104）「養介護施設従事者等による虐待への対応」より引用

第1章　養介護施設従事者等による高齢者虐待の現状

```
4  虐待を行った養介護施設従事者等の氏名、生年月日及び職種

   氏　名（※）　　　　　　　　　生年月日（※）

   （資格を有する者についてはその資格及び職名を、その他の者については職名及び職務内容を記載す
   ること）




5  市町村が行った対応
   □　施設等に対する指導
   □　施設等からの改善計画の提出依頼
   □　虐待を行った養介護施設従事者への注意・指導
   □　（主として地域密着型サービスについて）介護保険法の規定に基づく勧告・命令・
       処分
   □　その他（具体的に記載すること）









6  虐待を行った養介護施設等において改善措置が行われている場合にはその内容
   □　施設等からの改善計画の提出
   □　介護保険法の規定に基づく勧告・命令等への対応
   □　その他（具体的に記載すること）










   高齢者虐待の防止、高齢者の養護者に対する支援等に関する法律第22条第1項の規定
に基づき、上記の通り報告する。

     平成　　年　　月　　日

         ○○○　都道府県（担当課名）
                                              市町村長名　　　市町村
                                                            長　印
```

出典：厚生労働省（2006：105）「養介護施設従事者等による虐待への対応」より引用

2 養介護施設従事者等による高齢者虐待への対応

表1-9 養介護施設従事者等による高齢者虐待対応フローチャート

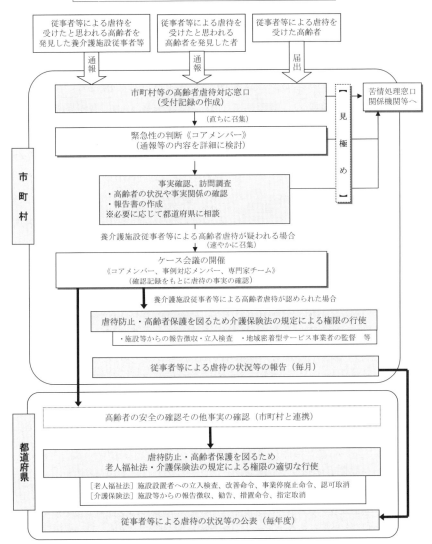

出典:厚生労働省(2006:96)「養介護施設従事者等による虐待への対応」より引用

第1章　養介護施設従事者等による高齢者虐待の現状

　養介護施設従事者等による高齢者虐待の通報や届け出を受けた後、市町村はその事実確認のため調査を実施する。市町村は虐待があったと思われる状況に関して、養介護施設等に訪問し、関係者に対する面接等により事実を確認する。その結果、養介護施設従事者等による高齢者虐待と判断されるケースであるかどうかが決定される（表1－9）。

　養介護施設従事者等による高齢者虐待と判断された場合に、老人福祉法や介護保険法の規定に基づいて、当該市町村長又は都道府県知事が権限を行使することについては、法第24条で規定されている。具体的には厚生労働省より一覧として提示され、老人福祉法第18条、第19条、第29条による権限行使がなされる。介護保険法では、第76条、第77条、第78条、第83条、第84条、第90条、第91条、第92条、第100条、第103条、第104条、第112条、第113条、第114条、第115条による権限行使がなされる（表1－10、表1－11）。

　養介護施設従事者等による高齢者虐待と判断されたものについは、市町村から都道府県に報告がなされ、それらの状況について都道府県では法第25条において状況の公表をすることと規定されている（表1－12）。公表の目的について厚生労働省資料では、「高齢者虐待の防止に向けた取組に反映していくことを着実に進めること」とし、さらに「高齢者虐待を行った養介護施設・養介護事業所名を公表することによりこれらの施設等に対して制裁を与えることを目的にするものではない」と明記している。

表1－10　高齢者虐待防止法第24条

第24条　市町村が第21条第1項から第3項までの規定による通報若しくは同条第4項の規定による届出を受け、又は都道府県が第22条第1項の規定による報告を受けたときは、<u>市町村長又は都道府県知事は</u>、養介護施設の業務又は養介護事業の適正な運営を確保することにより、当該通報又は届出に係る高齢者に対する養介護施設従事者等による高齢者虐待の防止及び当該高齢者の保護を図るため、<u>老人福祉法又は介護保険法の規定による権限を適切に行使する</u>ものとする。
（下線は、筆者による）

2　養介護施設従事者等による高齢者虐待への対応

表1-11　市町村長又は都道府県知事の権限行使規定一覧

老人福祉法	第18条	都道府県知事	老人居宅生活支援事業、老人デイサービスセンター、老人短期入所施設、老人介護支援センター設置者、養護老人ホーム・特別養護老人ホームの施設長に対する報告徴収・立入検査等
	第18条の2	都道府県知事	認知症対応型老人共同生活援助事業者に対する改善命令 老人居宅生活支援事業者、老人デイサービスセンター、老人短期入所施設、老人介護支援センター設置者に対する事業制限・停止命令
	第19条	都道府県知事	養護老人ホーム・特別養護老人ホーム設置者に対する事業停廃止命令、認可取消
	第29条	都道府県知事	有料老人ホーム設置者等に対する報告徴収・立入検査等 有料老人ホーム設置者に対する改善命令
介護保険法	第76条	都道府県知事 市町村長	指定居宅サービス事業者等（事業者であった者、従業者であった者）に対する報告徴収・立入検査等
	第76条の2	都道府県知事	指定居宅サービス事業者に対する勧告・公表・措置命令
	第77条	都道府県知事	指定居宅サービス事業者の指定取消・指定の効力停止
	第78条の6	市町村長	指定地域密着型サービス事業者等（事業者であった者、従業者であった者）に対する報告徴収・立入検査等
	第78条の8	市町村長	指定地域密着型サービス事業者に対する勧告・公表・措置命令
	第78条の9	市町村長	指定地域密着型サービス事業者の指定取消・指定の効力停止
	第83条	都道府県知事・市町村長	指定居宅介護支援事業者等（事業者であった者、従業者であった者）に対する報告徴収・立入検査等
	第83条の2	都道府県知事	指定居宅介護支援事業者に対する勧告・公表・措置命令
	第84条	都道府県知事	指定居宅介護事業者の指定取消・指定の効力停止
	第90条	都道府県知事・市町村長	指定介護老人福祉施設開設者等（施設の長、従業者であった者）に対する報告徴収・立入検査等
	第91条の2	都道府県知事	指定介護老人福祉施設開設者等に対する勧告・公表・措置命令
	第92条	都道府県知事	指定介護老人福祉施設の指定取消・指定の効力停止
	第100条	都道府県知事・市町村長	介護老人保健施設の開設者等に対する報告徴収・立入検査等
	第103条	都道府県知事	介護老人保健施設の開設者等に対する勧告・公表・措置命令
	第104条	都道府県知事	介護老人保健施設の指定取消・指定の効力停止
	第112条	都道府県知事・市町村長	指定介護療養型医療施設の開設者等に対する報告徴収・立入検査等
	第113条の2	都道府県知事	指定介護療養型医療施設の開設者等に対する勧告・公表・措置命令
	第114条	都道府県知事	指定介護療養型医療施設の指定取消・指定の効力停止
	第115条の6	都道府県知事・市町村長	指定介護予防サービス事業者等（事業者であった者、従業者であった者）に対する報告徴収・立入検査等
	第115条の7	都道府県知事	指定介護予防サービス事業者に対する勧告・公表・措置命令
	第115条の8	都道府県知事	指定介護予防サービス事業者の指定取消・指定の効力停止
	第115条の15	市町村長	指定地域密着型介護予防サービス事業者等（事業者であった者、従業者であった者）に対する報告徴収・立入検査等
	第115条の16	市町村長	指定地域密着型介護予防サービス事業者に対する勧告・公表・措置命令
	第115条の17	市町村長	指定地域密着型介護予防サービス事業者の指定取消・指定の効力停止
	第115条の24	市町村長	指定介護予防支援事業者等（事業者であった者、従業者であった者）に対する報告徴収・立入検査等
	第115条の25	市町村長	指定介護予防支援事業者に対する勧告・公表・措置命令
	第115条の26	市町村長	指定介護予防事業者の指定取消・指定の効力停止

出典：厚生労働省（2006：108）「養介護施設従事者等による虐待への対応」より引用

第1章　養介護施設従事者等による高齢者虐待の現状

表1−12　高齢者虐待防止法第25条

第25条　都道府県知事は、毎年度、養介護施設従事者等による高齢者虐待の状況、養介護施設従事者等による高齢者虐待があった場合にとった措置その他厚生労働省令で定める事項を<u>公表する</u>ものとする。

（下線は、筆者による）

　公表する項目については、このようなものを対象とすることとして3つの項目を指定している（表1−13）。前述の表1−6「都道府県に報告すべき事項」は、市町村から都道府県に報告される内容であって、都道府県がそれらから報告する内容は、表1−13「都道府県が公表する項目」となる。似ているようであるが、実は大きく異なる。その異なる点は、「虐待の内容や発生要因」が公表項目から抜けているのである。都道府県が年1回公表することは、公表に関して当該法律の目的が虐待者の罰則ではないことから、当然ながら厚生労働省令第1条の7項目中にある個人や事業所が特定される内容は非公開とする必要がある。しかし、あくまでこれは定められた個人情報保護における最低限の制限であり、高齢者虐待防止法第25条には「その他厚生労働省令で定める事項を公表するもの」と規定されていることから、本来公表する項目の選定については都道府県の裁量によるものではなく、本来厚生労働省で定めておかなければならないものであると解釈できる。

表1−13　都道府県が公表する項目

①高齢者虐待の状況
　・被虐待者の状況（性別、年齢階級、心身の状態像　等）
　・高齢者虐待の類型（身体的虐待、介護・世話の放棄・放任、心理的虐待、性的虐待、経済的虐待）
②高齢者虐待に対して取った措置
③その他の事項（厚生労働省令で規定（今後交付予定））
　・施設・事業所の種別類型
　・虐待を行った養介護施設従事者等の職種

出典：厚生労働省（2006：109）「養介護施設従事者等による虐待への対応」より引用

3 全国の養介護施設従事者等による高齢者虐待

　市町村から虐待の報告を受けた都道府県知事には、高齢者虐待防止法第25条により毎年度「高齢者虐待の状況の公表」を規定している。高齢者虐待防止法の施行は平成18（2006）年4月からである。法律によって制度化された公表の本来の目的は、虐待が発生した施設等に制裁を与えるためのものではなく、高齢者虐待の防止が第一であり、先には高齢者虐待防止の取組へ反映していくことが含まれている。「高齢者虐待の状況の公表」は高齢者虐待が無くなることを目指しているはずにも関わらず、制度が開始されてから依然として虐待判断件数は増加傾向を示している。特に平成24（2012）年度は151件と劇的に増え前年比1.57倍となっている。さらに平成25（2013）年度は前年度比66件増の221件となっている。2016年2月5日に厚生労働省が公表した平成26（2014）年度は300件であった（表1-14）。これらの点から、高齢者虐待の公表を規定した法第25条は、高齢者虐待の防止として制度が有効に機能していないではないかという問題意識が生まれる。そこで、本章では養介護施設従事者等による高齢者虐待の公表について現行の課題について検討していく。

表1-14　全国の養介護施設従事者等による高齢者虐待判断件数

年度	養介護施設（件）
平成18年度	54
平成19年度	62
平成20年度	54
平成21年度	76
平成22年度	96
平成23年度	151
平成24年度	155
平成25年度	221
平成26年度	300

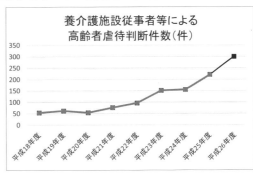

出典：厚生労働省HPより筆者作成

4 都道府県における公表項目の状況

　法第25条の公表の媒体に関しては規定がなく、多くの都道府県はホームページ上で公表している。現行の法第25条は「高齢者虐待の防止に向けた取組に」効果的であるのか検討するために、平成18（2006）年度分から実施された都道府県別のWeb公表による都道府県のホームページを調査対象とし、公表項目の実態を把握した。本調査は2013年8月に実施したため、対象となる公表年度は平成18（2006）年度から平成23（2011）年度までの6年分である。

　調査方法は、都道府県のホームページから高齢者虐待に関する情報公表を担当している部署を検索し、掲載されたデータから公表項目を取り出した。ホームページ上で担当部署が明らかにされていない場合には、サイト内検索機能を活用し、高齢者虐待をキーワードとして検索を行い、都道府県が公表している項目内容に着目し分析した。

　都道府県の高齢者虐待の状況の公表の内容については、最低限の公表として導き出された内容の「被虐待者の状況」、「養介護施設等の種別」、「虐待の種別」、「虐待を行った養介護施設従事者等の職種」、「改善措置があればその内容」という5点を【基本事項】と定義した。その他都道府県が厚生労働省令第1条の内容のいずれに該当する内容を独自に公表しているものがあった場合には、【都道府県裁量】と定義した。この【都道府県裁量】については、さらに「虐待の内容」公表がなされているかどうかについて分類した（表1－15）。

　繰り返しになるが、都道府県には、養介護施設従事者等による高齢者虐待について毎年度公表することが義務付けられているにも関わらず、その具体的な公表の方法について規定されたものはない。そのため、都道府県は、ホームページに掲載することによって、高齢者虐待防止法第25条について遵守する体制をとっている形態が非常に多いことが明らかとなった。

　ホームページによる公表は、法施行初年度に比較すると毎年度増えて

表1-15 都道府県における養介護施設従事者等における高齢者虐待公表状況

	HP掲載あり				HP掲載なし		虐待判断件数ゼロ	
	【基本事項】のみ		【都道府県裁量】あり					
	都道府県数	%	都道府県数	%	都道府県数	%	都道府県数	%
平成18年度公表の状況	15	31.9	0	0	11	23.4	21	44.7
平成19年度公表の状況	17	36.2	1	2.1	10	21.3	19	40.4
平成20年度公表の状況	15	31.9	3	6.4	9	19.1	20	42.6
平成21年度公表の状況	21	44.7	2	4.3	9	19.1	15	31.9
平成22年度公表の状況	15	31.9	4	8.5	8	17.0	20	42.6
平成23年度公表の状況	25	53.2	5	10.6	4	8.5	13	27.7

出典：吉田輝美（2014）「養介護施設従事者等による高齢者虐待の状況公表の現状と課題」福祉研究No.107 p.45より筆者改変

おり、ホームページ未掲載の都道府県は、平成23（2011）年度公表では4県（8.5%）までに減少している。

本調査からホームページによる公表の仕方については、2つのタイプがあることが確認された。制度施行以降の6年間全てを公表しているタイプと、直近の年度のみを公表し過去の分についてはホームページ上で確認することができないタイプである。制度施行以降の6年間全てを公表しているのは47都道府県中20件であった。

ホームページによる公表に際し、養介護施設従事者等による虐待がどのような内容であるかを掲載しているのは、平成19（2007）年度公表より毎年1件ずつ増えているものの平成23（2011）年度公表しているのは5件（10.6%）である。

5 「高齢者虐待の状況の公表」の現状

本来、養介護施設従事者等による高齢者虐待の公表制度は、高齢者虐

待を行った養介護施設や養介護事業等に対して制裁を与えることを目的とするものではない。高齢者虐待防止法の目的は、高齢者の尊厳を保持することにある。各都道府県・市町村は、養介護施設従事者等による高齢者虐待の状況を的確に把握し、再発防止や予防の取組に反映していくために公表制度があると考える。これらの趣旨を踏まえ公表制度の現状をみてみると、多くの都道府県は「公表が義務付けられているから行っている」という次元に留まっているように感じられる。

本調査で【基本事項】と定義した「被虐待者の状況」、「養介護施設等の種別」、「虐待の種別」、「虐待を行った養介護施設従事者等の職種」、「改善措置があればその内容」という5項目をホームページ上で公表したものの、それらが再発防止や予防の取組に反映していくという目的が達成できているかについては、疑問がもたれる。一例を挙げれば、平成22（2010）年度と平成23（2011）年度の虐待判断件数を比較すると、前年度から5件増加しているが、ホームページ上からこの増加原因を究明することはできないのが現状である。虐待判断件数の増加には、高齢者虐待防止法が知識として一般社会に普及し、家族や養介護施設等の従事者による通報の義務が履行されたことによるとみることも可能であるが、それらを証明するためには、誰によってどのようなルートで市町村へ通報がなされたのかが公表されなければならないのである。

6 公表制度の再考

現状の養介護施設従事者等による高齢者虐待の公表における制度運用については、誰のためであるのかを再検討するべきと考える。本制度は施設や介護サービスを利用する人たちが人としての尊厳を保たれ、虐待を皆無にすることが最大の目的であり、そのために養介護施設従事者等が高齢者虐待防止法を遵守する必要があるとしていることである。すべての養介護施設従事者等が、高齢者虐待を予防できるようになるためには、従事者による要介護者の人権や人としての尊厳に対する知識獲得や

研修が欠かせない。養介護施設従事者等に対する研修の方法としては集合研修などが開催されているが、それらに参加できなければ学ぶ機会が確保されなくなってしまうこともあり得る。

　藤本（2005：10-11）は、個人によって認識が様々に捉えられる虐待や暴力の現象を踏まえ、「加害者は加害行為を行っているという認識をもてていないケースも多い」と述べている。養介護施設従事者等による高齢者虐待行為について、虐待行為者は自らの行為が高齢者虐待に該当すると認識をもてていない場合もある。また、個人により高齢者虐待に関する認識が違っている場合もあり、同一内空間に所属する養介護施設従事者それぞれの捉え方に差異があることも考えられる。したがって、養介護施設従事者等による行為にはどのようなものがあり、その行為は虐待の種類としてどのように判断されたのかといった具体事例を学び、共通認識に立つ機会が必要なのである。

　養介護施設や事業所などにおいて、必要な時に自ら学ぶことを保証するためには、いつでも情報にアクセス可能なホームページ上における情報公表制度を活用することも、一つの方法である。そうしたときに、何が養介護施設や事業所などにおいて高齢者虐待とされたのかを、介護労働者自らが判断できるような情報が掲載されていることが望ましく、養介護施設従事者等による高齢者虐待の具体的な内容が公表されていることが何よりも重要と考える。

7　メディアによる高齢者虐待の公表

　高齢者虐待防止法第25条に義務付けられた公表について、都道府県のホームページによらない公表媒体としてマスメディアを活用する都道府県も考えられる。そこで、新聞記事の取り上げ方を知るために、国立国会図書館の朝日新聞記事データベースにより、平成19（2007）年4月1日より平成25（2013）年3月31日に都道府県の公表が掲載されたか否かを分析した。朝日新聞記事データベース掲載については、地方紙面にお

第1章　養介護施設従事者等による高齢者虐待の現状

いて公表制度による当該都道府県の公表内容を記事としているかについて分類した。本調査も平成25（2013）年8月に実施したため、対象となる公表年度は平成18（2006）年度から平成23（2011）年度までの6年分である。

　新聞の地方版に着目し、国立国会図書館の朝日新聞記事データベースにより調査した結果によれば、養介護施設従事者等による高齢者虐待が報じられた件数は、初年度の平成18（2006）年度は17都道府県（36.2％）であった。その後、平成19（2007）年度は19都府県（40.4％）であり、平成20（2008）年度の24都府県（51.1％）をピークとして、平成23（2011）年度には3県（6.4％）に減少している（表1-16）。

表1-16　朝日新聞記事データベース地方版の掲載状況

	朝日新聞記事データベースによる掲載状況			
	新聞掲載あり地方紙		新聞掲載なし	
	掲載数	％	掲載なし数	％
平成18年度公表の状況	17	36.2	30	63.8
平成19年度公表の状況	19	40.4	28	59.6
平成20年度公表の状況	24	51.1	23	48.9
平成21年度公表の状況	6	12.8	41	87.2
平成22年度公表の状況	2	4.3	45	95.7
平成23年度公表の状況	3	6.4	44	93.6

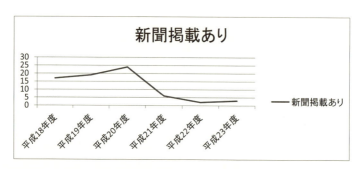

出典：吉田輝美（2014）「養介護施設従事者等による高齢者虐待の状況公表の現状と課題」福祉研究No.107 p.46より筆者改変

8 継続的なマスメディアへの掲載

　朝日新聞記事データベース地方版による高齢者虐待に関する掲載状況については、法施行後の３年間は特に関心度合いも反映したためか、５割以上が新聞記事として地元自治体の公表について取り上げていた。しかし、その後は急激に新聞記事としての掲載がなされていない。この点では、一般市民がホームページにアクセス困難な状況下にある場合は、養介護施設従事者等による高齢者虐待に関する情報を得ることが出来ないことになる。したがって、新聞記事として年々掲載されなくなっているということは、高齢者虐待に関する知識を一般社会に十分周知することを目的としている点からは逆行しているものといえる。

　高齢者虐待防止法が施行され３年も経過すれば、市民に対する一般的知識普及や認知が十分図られるという考え方もあり得るだろう。しかし、虐待という高齢者の尊厳を著しく侵害する行為に関しては、社会正義に反する行為として、社会全体が関心を持ち続けていく環境を整えるためにも、マスメディアによる公表による波及効果が重要であると考える。ただし、マスメディアの取り上げ方においては、虐待当事者への罰や制裁を望むような印象を与えることなく、高齢者虐待防止法の趣旨を遵守し、被虐待者のみならず実は虐待者も支援を必要としている状況にあることが表現されると望ましい。養介護施設従事者等による高齢者虐待が発生しない環境づくりを、社会全体で取り組んでいこうと思えるような方向づけが是が非でも必要である。

9 養介護施設等の従事者を育成する視点

　高齢者虐待防止法は、被虐待者を保護することのみが目的ではなく、養護者に対する支援等に関することも取り扱うことが前提とされている。近年、家族等による養護者の虐待については、虐待者が虐待という行為に至らざるを得なかった背景を理解し、生活の再構築に関する支援

のあり方について検討されるようになってきた（加藤2008、坂田2013）。高齢者虐待防止法では、虐待をしてしまった者を支援することに関して、その対象が家族等の養護者であるか養介護施設等の従事者であるかといった区別はしていない。したがって、虐待者を支援していくことは、当然ながら養介護施設等の従事者も含まれて良いはずである。しかし、虐待を行ったと認められた養介護施設等の従事者をどのように支援していくか、再発防止の学習プログラムのあり方などについて、現状は十分に整っているとはいえない状況にある。養介護施設等における人材不足がいわれて久しく、なかなか人材確保に関する改善の見通しが立っていない中で、虐待をしてしまった養介護施設等の従事者を辞めさせることで全てが解決するわけではない。不幸にも虐待をしてしまった養介護施設等の従事者が、適切な訓練や教育がなされないまま当該施設等を解雇あるいは離職し、転職先として再び別の養介護施設等での業務に従事することなどを考えると、虐待を行ったと認められた養介護施設等の従事者をどのように支援していくかは重要な課題である。虐待をしてしまった養介護施設等の従事者が高齢者虐待防止について、適切な再学習プログラムを実施することにより、優秀な人材へ成長していく可能性もある。

　養介護施設等の従事者を支援していくためには、発生した虐待の内容に関して情報が開示されればよいのではなく、養介護施設等の従事者が虐待に至った背景について状況把握し、労働環境を整備するために公表制度を活用できるようになることが是が非でも必要と考える。養介護施設従事者等による高齢者虐待防止は、従事者個々人の責任に帰するのではなく、組織として取り組む体制づくりが高齢者虐待ゼロを実現していくことになる。

10　従事者に必要とされる学びのプログラム

　加藤（2009）によると、高齢者虐待として認知されるに至った顕在化された虐待行為の背景には、グレーゾーンとされる非意図的な虐待や不

適切なケアが、日常のケア場面に多く存在するとされる。したがって、養介護施設従事者等による無自覚で不適切なケアを自覚してもらい、その後適切なケアを提供できるよう促し、早期に虐待を予防することにつなげていく体制が重要である。そのためにも具体的な虐待行為とされた内容の公表は、養介護施設従事者等にとって学習プログラムの一つと位置付けることができると考える。虐待行為とされた具体的な内容を公表事項として義務付けることにより、いつでも情報にアクセスできやすくなり、養介護施設従事者等の自覚による適切なケアが提供されることに繋がっていくと考える。

　具体的な虐待行為とされた内容の公表だけで、養介護施設従事者等による高齢者虐待が皆無となるのであれば、それに勝る方法はない。しかし、李（2002）が社会福祉施設で職員による高齢者虐待が発生する背景要因の一つとして、施設の職員配置基準が影響している点を指摘しているように、養介護施設従事者等による高齢者虐待発生の背景についても把握することが、再発防止や予防の取組により反映しやすくなると考える。養介護施設従事者等による高齢者虐待については、虐待を行った個人のみを責任追及したり、当該従事者を解雇すれば再発はないと安易に考えるのではなく、虐待が発生した組織体制を見直すことにより再発防止がなされていくものと理解することが何より重要である。このことこそが、高齢者虐待防止法は制裁を与えることを目的とするものではないことを学び、組織マネジメントとしてのプログラムが位置付けられるものと考える。

【注】
　本稿は、吉田輝美（2014）「養介護施設従事者等による高齢者虐待の状況公表の現状と課題」福祉研究No.107 pp.43−49に加筆・修正を行った。

【参考文献】
厚生労働省（2006）高齢者虐待防止・養護者支援担当者会議資料「高齢

者虐待防止の基本」2006年4月24日
　http://www.mhlw.go.jp/topics/kaigo/boushi/060424/（2015.9.5）
厚生労働省（2006）高齢者虐待防止・養護者支援担当者会議資料「養介
　護施設従事者等による虐待への対応」2006年4月24日
　http://www.mhlw.go.jp/topics/kaigo/boushi/060424/（2015.9.5）
厚生労働省（2016）平成26年度「高齢者虐待の防止、高齢者の養護者に
　対する支援等に関する法律に基づく対応状況等に関する調査結果」平
　成28年2月5日
　http://www.mhlw.go.jp/stf/houdou/0000111629.html（2016.2.6）
藤本修（2005）「暴力・虐待・ハラスメント　人はなぜ暴力をふるうのか」
　ナカニシヤ出版
李相済（2002）「社会福祉施設における高齢者虐待についての一考察—
　職員配置基準に焦点をあてつつ—」『立命館産業社会論集』37（4）、
　pp.221-238
加藤悦子（2008）「介護殺人—司法福祉の視点から」クレス出版
坂田伸子（2013）「高齢者虐待における養護者支援に関する一考察」東
　洋大学社会学部紀要50（2）、pp.143-153
吉田輝美（2014）「養介護施設従事者等による高齢者虐待の状況公表の
　現状と課題」福祉研究No.107、pp.43-49

第2章
本研究の方法

　第1章で明らかにした養介護施設従事者等による高齢者虐待について、高齢者虐待防止法に明記された目的を果たすためには、状況の公表制度などが十分に機能しているとは言い難い状況にあるのではないかと問題提起した。それらを踏まえて、実際に養介護施設従事者等はどのように認識しているのかを実証するために、全国調査した結果についてまとめていくことにする。

　ここから本書においては、高齢者虐待防止法において養介護施設従事者等としているものを、現場に馴染む用語にするために「介護労働者」と称していくことにする。

1　介護労働者に対するアンケート調査対象者選定

　調査対象事業所の抽出は、次の手順で行った。まず、総務省の平成25（2013）年3月31日住民基本台帳人口・世帯数、平成24（2012）年度人口動態（市区町村別）データより、都道府県ごとに人口最多数の区市と人口最少の町村を抽出した。

　次に、厚生労働省介護サービス情報公表システムにより、抽出された人口最多自治体と人口最少自治体ごとに、該当自治体の介護事業所一覧から、①特別養護老人ホーム、②老人保健施設、③通所介護事業所、④訪問介護事業所、⑤グループホームを検索した。その検索リストから、介護サービス事業所を5か所ずつ無作為に抽出した。この作業によって人口最少自治体では、介護サービス事業所の数が全くない自治体があり、その場合には対象自治体を同一県内で次に人口が少ない自治体を調査対象自治体とする措置を講じた。また、人口最少自治体の介護サービス事

第2章　本研究の方法

業所数が5か所以上存在しないところもあったため、その場合には自治体は変更せず、存在する介護サービス事業所を調査対象とすることにした。その結果、人口最少自治体の調査対象事業所は193か所、人口最多自治体の調査対象事業所は1,175か所で、総数は1,368事業所となった（表2－1）。

表2－1　都道府県別調査対象事業所数

都道府県名	最少自治体	最多自治体	合計	都道府県名	最少自治体	最多自治体	合計
北海道	2	25	27	滋賀県	11	25	36
青森県	4	25	29	京都府	2	25	27
岩手県	4	25	29	大阪府	7	25	32
宮城県	4	25	29	兵庫県	8	25	33
秋田県	4	25	29	奈良県	1	25	26
山形県	3	25	28	和歌山県	2	25	27
福島県	2	25	27	鳥取県	6	25	31
茨城県	8	25	33	島根県	5	25	30
栃木県	6	25	31	岡山県	2	25	27
群馬県	4	25	29	広島県	10	25	35
埼玉県	2	25	27	山口県	9	25	34
千葉県	6	25	31	徳島県	3	25	28
東京都	2	25	27	香川県	3	25	28
神奈川県	2	25	27	愛媛県	7	25	32
新潟県	3	25	28	高知県	1	25	26
富山県	2	25	27	福岡県	5	25	30
石川県	2	25	27	佐賀県	4	25	29
福井県	4	25	29	長崎県	5	25	30
山梨県	2	25	27	熊本県	2	25	27
長野県	1	25	26	大分県	3	25	28
岐阜県	1	25	26	宮崎県	3	25	28
静岡県	11	25	36	鹿児島県	3	25	28
愛知県	3	25	28	沖縄県	1	25	26
三重県	8	25	33	合計	193	1,175	1,368

出典：筆者作成

表2−2　事業所別調査対象事業所数

アンケート送付対象事業所（か所）	①特別養護老人ホーム	②老人保健施設	③通所介護	④訪問介護	⑤グループホーム	合計
人口最多（市）	235	235	235	235	235	1,175
人口最少（町村）	32	9	72	52	28	193
合計	267	244	307	287	263	1,368

出典：筆者作成

　調査対象事業所の抽出後は、そこに勤務する介護労働者を調査対象者とするために、抽出された調査対象事業所は①特別養護老人ホーム、②老人保健施設、③通所介護事業所、④訪問介護事業所、⑤グループホームの事業所長あてに「アンケート調査ご協力のお願い」の説明文を送付し調査を依頼した。そのアンケート実施協力説明文について事業所長の同意が得られた場合には、事業所長より自らの事業所職員3名を任意に選出してもらい調査票を配布してもらった。

　それにより、調査票は一つの事業所につき3部発送したため、調査対象職員は4,104名となった。事業所長より調査対象職員には、「養介護施設等における高齢者虐待予防に関するアンケートご協力のお願い」と「アンケート調査票」、「返信用封筒」の3種類を職員へ渡してもらった（表2−2）。アンケート回答職員からは、個人ごとに厳封し郵送で返信してもらった。

　本調査は、平成26（2014）年8月11日から9月10日に実施した。

2　倫理的配慮

　調査対象職員へは、「養介護施設等における高齢者虐待予防に関するアンケートご協力のお願い」にて、調査の目的、プライバシー保護、研

究倫理に関する事項を文書にて説明した。それらにより同意を得られた場合には、無記名によりアンケート調査に回答をしてもらい、個人情報が特定されることのないように実施後、個人ごとに封筒を厳封し返送してもらった。なお、事業所長による調査への同意は、調査票を職員へ渡したことをもって同意を得たものとし、同意されない場合には、事業所長による調査票等の処分を依頼した。調査対象職員が、調査協力を辞退する場合には、調査票等を返信しない方法により、同意を得られなかったものとみなした。また、職員がアンケート調査に回答される際は、調査対象者の匿名性を確保する点から所属長は同席しないようお願いした。

本調査に関し昭和女子大学倫理委員会にて承認（14-09）を得た。

3 回収率

　調査票は626名から返却され、全体回収率は15.3％であった。人口最少自治体の調査対象からの回収率は28.2％（163名）、人口最多自治体の調査対象からの回収率は13.1％（463名）となった（表2-3）。

　回収率の低さは、調査に対する同意に2段階の意思決定を設定した点が影響しているものと考えられる。1つ目は、本調査依頼を最初に受け取る事業所長の段階である。本調査に関し、事業所長が協力できないとすれば、事業所内の介護労働者が調査票を手にする機会はそこで断たれてしまうのである。たとえ事業所内の介護労働者に調査協力の意志があっても、事業所長判断の段階において同意が得られなければ、当該施設における介護労働者の協力したい気持ち自体が存在しなかったことになってしまっている。

　2つ目は上記と正反対で、事業所長が本調査に対して協力意向を示し、事業所内の介護労働者等に調査票を手渡してくれたとしても、受け取った介護労働者当人が本調査への協力を拒んだ場合には、調査票が回収されなくなる。

表2-3 対象者の基本属性

項目		人口最多自治体（市） n=463		人口最少自治体（町村） n=163	
		名	%	名	%
性別	男性	129	27.9	35	21.5
	女性	333	71.9	128	78.5
	無記入	1	0.2	0	0
年代	20歳代未満	0	0	1	0.7
	20歳代	56	12.1	16	9.8
	30歳代	141	30.5	46	28.2
	40歳代	116	25.1	36	22.1
	50歳代	111	23.9	47	28.8
	60歳代以上	39	8.4	14	8.6
	無記入	0	0	3	1.8
経験年数	3年未満	41	8.9	14	8.6
	3年以上〜5年未満	42	9.1	20	12.3
	5年以上〜10年未満	110	23.7	39	23.9
	10年以上〜20年未満	240	51.8	73	44.8
	20年以上	30	6.5	14	8.6
	無記入	0	0	3	1.8
事業所種別 ※複数に所属するものあり	特別養護老人ホーム	111	23.7	31	19.3
	老人保健施設	103	21.9	10	6.2
	通所介護	80	17.1	53	33.5
	訪問介護	57	12.1	32	19.9
	グループホーム	96	20.5	24	14.9
	その他	22	4.7	10	6.2
職種 ※複数に所属するものあり	介護職	300	60.6	120	63.1
	相談員	75	15.2	22	11.6
	介護支援専門員	59	11.9	15	7.9
	看護師	46	9.3	14	7.4
	その他	15	3.0	19	10.0
取得資格 ※複数取得するものあり	介護福祉士	313	42.4	101	41.1
	ヘルパー2級	139	18.8	62	25.2
	介護支援専門員	119	16.2	32	13.0
	看護師	50	6.8	15	6.1
	その他	43	5.8	19	7.7
	社会福祉士	40	5.4	7	2.9
	認知症ケア専門士	20	2.7	4	1.6
	資格なし	14	1.9	6	2.4
役職	あり	210	45.4	56	34.4
	なし	251	54.2	103	63.2
	無記入	2	0.4	4	2.5

出典：筆者作成

第2章　本研究の方法

　以上を踏まえると、回収率は低かったものの2段階の同意過程を経て返送された626名の調査票は非常に貴重なものである。
　また、同意を得られない背景には、「養介護施設従事者等による高齢者虐待防止」という調査票に記された言葉に対する業界の拒絶体質があることも考えられる。これらの言葉を使うこと自体が、「自分たち介護労働者があたかも高齢者虐待をしているかのようにレッテルを貼った見方をされている」というような思いを抱くのだろう。介護労働者の中には、何か自分たちが責められているのかのように受け止めてしまう点もあると推察される。事業所長、介護労働者ともに、高齢者虐待という言葉を聞くと「厄介なこと」や「責められる」という気持ちになってしまう、その現状自体が非常におかしいことと感じられるが、翻って言えばそれだけ現場は高齢者虐待という言葉に必要以上に敏感になり、ピリピリ感が漂っているといえ、これが介護現場の実態であると捉えることもできるだろう。
　これらの心情をも含み、本調査は回収されたデータを丁寧に分析していくことを心掛けていきたい。

4　調査対象者の基本属性

　まず、本書の以降の調査結果に共通する基本属性をまとめ、人口最多自治体と人口最少自治体を比較していく（表2-3）。
　性別は両自治体ともに女性が多く7割を超えた。年代では、人口最多自治体が30歳代141名（30.5％）、40歳代116名（25.1％）、50歳代111名（23.9％）、20歳代56名（12.1％）、60歳代以上39名（8.4％）であった。人口最少自治体では、50歳代が最も多く47名（28.8％）、30歳代46名（28.2％）、40歳代36名（22.1％）、20歳代16名（9.8％）、60歳代以上14名（8.6％）となった。調査対象の中心年代は、30歳代～50歳代である。
　経験年数は、最小値0か月で最大値は394か月（32年10か月）、中央値124か月（10年8か月）、平均値126.7か月（10年6か月）、最頻値120か

月（10年）となった。調査対象者の半数以上を10年以上の経験者が占め、10年以上20年未満は人口最多自治体と人口最少自治体ともに最も多く、離職率が高いと言われる介護サービス業界において、経験年数の長いベテラン群が多く占める調査対象者となった。

　調査対象者の所属を自治体ごとに分類した。人口最多自治体では特別養護老人ホームが111名（23.7％）と最も多く、次いで老人保健施設103名（21.9％）、グループホーム96名（20.5％）、通所介護事業所80名（17.1％）、訪問介護事業所57名（12.1％）となった。人口最少自治体では、通所介護事業所53名（33.5％）、訪問介護事業所32名（19.9％）、特別養護老人ホーム31名（19.3％）、グループホーム24名（14.9％）、老人保健施設10名（6.2％）となった。

　現在はどのような職種として勤務しているかについて、両自治体ともに最も多かった職種は介護職であり6割以上を占めた。相談員、介護支援専門員、看護師の順となった。

　取得資格は、1人で複数の資格を持っていることも考慮し、最も多かったのは両者ともに介護福祉士で4割を超えた。次はヘルパー2級である。上位2つの資格を合わせると、全体の6割を介護系資格取得者が占めた。なお、資格名称であるヘルパー2級は平成25（2013）年4月より「介護職員初任者研修」と名称変更している。しかし、本調査対象者の多くは旧名称による資格を取得していることが考えられるため、本調査では旧名称のまま用いた。

　役職の有無については、人口最多自治体では役職なし251名（54.2％）、役職あり210名（45.4％）、人口最少自治体では役職なし103名（63.2％）、役職あり56名（34.4％）となった。

　この調査対象者の基本属性に基づきながら、アンケート調査の項目について次章以降で分析し、高齢者虐待防止法に属する介護労働者における高齢者虐待に関する認識の現状を明らかにしていく。

第3章
高齢者虐待の公表による虐待の捉え方

1　平成24年度からの公表内容

　厚生労働省では、都道府県による報告を基にして「高齢者虐待の防止、高齢者の養護者に対する支援等に関する法律に基づく対応状況等に関する調査結果」を毎年度公表している。平成25（2013）年12月26日に公表した平成24（2012）年度の調査結果は、その前年平成23（2011）年度までの公表と内容が一部変化している。公表内容変更理由は、都道府県から報告された内容を国が分析しやすくするためとある。
　介護労働者による高齢者虐待に関して、国への報告に追加された項目は、次のとおりである。

（追加調査項目）
虐待対応実施日、虐待の発生要因、過去の指導等、認知症高齢者の日常生活自立度、虐待に該当する身体拘束の有無、虐待の具体的内容、虐待の程度の深刻度、被虐待高齢者の死亡の有無、従事者の性別

　本書では、介護労働者による高齢者虐待がなぜ発生するのかを検討することを目的としていることから、追加調査項目の「虐待の発生要因」に着目していく。

2　厚生労働省による虐待の発生要因

　厚生労働省で公表した「虐待の発生要因」は、市町村が高齢者虐待と

判断し都道府県へ報告した書類に記載された内容を分析し、カテゴリー化したものである。報告書に記載される虐待の発生要因の部分は、市町村の任意記載とされているものであるため、虐待の報告書全てに記載されるわけではない。したがって厚生労働省が公表したものは、報告書中に自由記載があったものについて、その内容を分析したものである。よって報告された内容を厚生労働省が分類したものであって、虐待発生時に厚生労働省から調査員が出向き、虐待者からの聞き取りに基づいてカテゴリー化したものではない。

厚生労働省は、平成24（2012）年度分の報告については141件の回答があり、その記述内容から複数回答含め6つのカテゴリーに分類したとしている（表3－1）。厚生労働省の分類による「虐待の発生要因」については、「教育・知識・介護技術等に関する問題」78件（55.3％）が最も多く、半数以上を占めている。次いで「職員のストレスや感情コントロールの問題」42件（29.8％）、「虐待を行った職員の性格や資質の問題」40件（28.4％）となっている。この「職員のストレスや感情コントロールの問題」を「教育・知識・介護技術等に関する問題」と比較すると約半分にまで減少し、さらにその半分となる「倫理観や理念の欠如」16件（11.3％）となっている。「人員不足や人員配置の問題及び関連する多忙さ」と「虐待を助長する組織風土や職員間の関係性の悪さ」がともに14

表3－1　平成24年度の虐待の発生要因

平成24年度「虐待の発生要因」内容	件数	割合（％）
教育・知識・介護技術等に関する問題	78	55.3
職員のストレスや感情コントロールの問題	42	29.8
虐待を行った職員の性格や資質の問題	40	28.4
倫理観や理念の欠如	16	11.3
人員不足や人員配置の問題及び関連する多忙さ	14	9.9
虐待を助長する組織風土や職員間の関係性の悪さ	14	9.9

出典：厚生労働省：「平成24年度高齢者虐待の防止、高齢者の養護者に対する支援等に関する法律に基づく対応状況等に関する調査結果」表6を筆者編集

件(9.9%)と続いている。

このカテゴリー順位から、虐待発生後の現地調査を行った調査員によって報告される虐待の発生要因は、介護労働者個々人に起因する問題と結論付けられていることが多いものと理解できる。

平成25(2013)年度分の公表から「虐待の発生要因」をみると、「教育・知識・介護技術等に関する問題」128件(66.3%)、「職員のストレスや感情コントロールの問題」51件(26.4%)、「虐待を助長する組織風土や職員間の関係性の悪さ」25件(13.0%)、「人員不足や人員配置の問題及び関連する多忙さ」23件(11.9%)、「倫理観や理念の欠如」と「虐待を行った職員の性格や資質の問題」がともに20件(10.4%)となっている。やはり、「教育・知識・介護技術等に関する問題」が最も多いく、平成24(2012)年度と比較すると伸び率は高く、全体の6割超を占める状況である(表3－2)。

しかし、大きく平成24(2012)年度と違うことは、「虐待を助長する組織風土や職員間の関係性の悪さ」が最下位から3番目に上がり、3番目に位置していた「虐待を行った職員の性格や資質の問題」が最下位に入れ替わっていることである。その年に発生する虐待内容を前年と単純に比較することは当然できないが、厚生労働省の分析結果より、虐待の発生要因として「教育・知識・介護技術等に関する問題」と「職員のス

表3－2　平成25年度の虐待の発生要因

平成25年度 「虐待の発生要因」内容	件数	割合(%)
教育・知識・介護技術等に関する問題	128	66.3
職員のストレスや感情コントロールの問題	51	26.4
虐待を助長する組織風土や職員間の関係性の悪さ	25	13.0
人員不足や人員配置の問題及び関連する多忙さ	23	11.9
倫理観や理念の欠如	20	10.4
虐待を行った職員の性格や資質の問題	20	10.4

出典：厚生労働省：「平成25年度高齢者虐待の防止、高齢者の養護者に対する支援等に関する法律に基づく対応状況等に関する調査結果」表7より

トレスや感情コントロールの問題」が大きく関与しているといえるだろう。平成25（2013）年度の特徴としては、虐待者個人の問題とするものより、組織風土や職員関係が虐待の要因となった点が挙げられる。

　平成26（2014）年度分の公表から「虐待の発生要因」をみると、「教育・知識・介護技術等に関する問題」184件（62.6％）、「職員のストレスや感情コントロールの問題」60件（20.4％）、「虐待を行った職員の性格や資質の問題」が29件（9.9％）、「倫理観や理念の欠如」20件（6.8％）、「虐待を助長する組織風土や職員間の関係性の悪さ」17件（5.8％）、「人員不足や人員配置の問題及び関連する多忙さ」15件（5.1％）、「その他」3件（1.0％）となっている（表3－3）。

　平成24（2012）年度以降から公表された「虐待の発生要因」の内容を、どのように捉えればよいだろうか。特に、3年間上位に挙げられる「教育・知識・介護技術等に関する問題」と「職員のストレスや感情コントロールの問題」について検討したい。

　「教育・知識・介護技術等に関する問題」が言わんとしていることは、虐待を行った介護労働者に関して事実確認調査を行ったところ、虐待した介護労働者は、高齢者虐待に関する教育が不十分であったため、高齢者虐待に関する知識が不足し、さらに介護技術等も不十分であったこと

表3－3　平成26年度の虐待の発生要因

平成26年度 「虐待の発生要因」内容	件数	割合（％）
教育・知識・介護技術等に関する問題	184	62.6
職員のストレスや感情コントロールの問題	60	20.4
虐待を行った職員の性格や資質の問題	29	9.9
倫理観や理念の欠如	20	6.8
虐待を助長する組織風土や職員間の関係性の悪さ	17	5.8
人員不足や人員配置の問題及び関連する多忙さ	15	5.1
その他	3	1.0

出典：厚生労働省：「平成26年度高齢者虐待の防止、高齢者の養護者に対する支援等に関する法律に基づく対応状況等に関する調査結果」表7より

から、虐待行為に及んだということではないだろうか。また、「職員のストレスや感情コントロールの問題」については、虐待を行った介護労働者は、自身のストレスを解消することができず、そのストレスにより感情コントロール能力に問題があり、適切に感情コントロールすることができずに虐待行為に及んだとなるであろうか。いずれにしても、虐待を行った個人の能力に問題があることを指摘しているように受け止めてしまうのは筆者だけだろうか。

3 個人の資質と高齢者虐待の関係

　上述した厚生労働省による見解から、介護労働者による高齢者虐待について「個人の能力に問題あり」と判断されてしまうとなると、考えられる状況は、介護労働者が介護に関する教育を受けていない状況、介護に関する知識や介護技術等を習得していない状況といえる。つまり、そのような介護労働者とは、ややもすれば無資格者ではないかと思わず想像してしまう。

　そこで、平成24（2012）年度と平成25（2013）年度の公表をさらにみていくと、虐待を行った介護労働者の職種が掲載されているので、引用して検討してみたい。表3－4と表3－5は、虐待を行った介護労働者の職種一覧である。平成24年度と平成25年度ともに、虐待を行った介護労働者は、介護職に従事している者の割合が7割強であることがわかる。

表3－4　平成24年度虐待者の職種

	介護職	看護職	管理職	施設長	経営者・開設者	その他	不明	合計
人数	176	16	4	9	6	8	2	221
構成割合(%)	79.6	7.2	1.8	4.1	2.7	3.6	0.9	100

（注）虐待者特定できなかった14件を除く141件の事例を集計。
出典：厚生労働省：「平成24年度高齢者虐待の防止、高齢者の養護者に対する支援等に関する法律に基づく対応状況等に関する調査結果」表23より

3 個人の資質と高齢者虐待の関係

表3-5 平成25年度虐待者の職種

	介護職	看護職	管理職	施設長	経営者・開設者	その他	不明	合計
人数	213	15	21	4	9	10	10	282
構成割合(%)	78.3	5.5	7.7	1.5	3.3	3.7	―	100

（注）虐待者特定できなかった22件を除く199件の事例を集計。割合は、不明10人を除いた272人に対するもの
出典：厚生労働省：「平成25年度高齢者虐待の防止、高齢者の養護者に対する支援等に関する法律に基づく対応状況等に関する調査結果」表24より

　しかし、この表からは、それら介護労働者が資格保有者であるかどうかがわからない状況になっている。2年分の調査結果の他の内容を確認しても、保有資格に関するデータは記載されていない。したがって、これら公表内容からは介護職のどのくらいの割合が有資格者であるのか、または無資格者であるのかということを解明することができないのである。この点も第1章で触れたように、高齢者虐待の状況の公表に関する問題点として指摘すべき点である。

　介護事業所の中で介護職として勤務する場合、訪問介護事業所において無資格者であることは考えにくい。施設系である特別養護老人ホームや老人保健施設では無資格者の雇用も恒常的に行われている。しかし、介護報酬における介護職員処遇改善加算を考慮すると、介護職員の一定割合以上が介護福祉士やホームヘルパー2級以上の有資格者であることが求められていることから、公表されている介護職の多くが無資格者であるとはやはり考えにくい。

　介護福祉士の国家資格取得者であるか、ヘルパー2級の講座終了資格取得者であるかは、養成に関する時間数や内容の違いはあっても、基本的な介護に関する知識や技術は修得しているものである。もし仮に、虐待者の介護職の多くが無資格者で無かったとしたら、高齢者虐待の状況の公表でいうところの「教育・知識・介護技術等に関する問題」が虐待の発生要因の中心的なものとして指摘する内容は何なのであろうか。

第3章　高齢者虐待の公表による虐待の捉え方

4　介護労働者と虐待の発生要因の関係

　介護労働者として勤務するためには、資格を保有して終わりではなく、その後も利用者の生活の質を向上するに資するために学びを継続する必要がある。しかし、その学びは資格保持のための義務化された更新研修などがあるわけではなく、介護職員個々の努力や、事業所長による業務命令としての学びに委ねられているものである。そのような現状において、何を根拠として「教育・知識・介護技術等に関する問題」が虐待の発生要因の一番に挙げられているのか理解し難い。実際のところ、介護現場は人員不足の中にありながらも、職員としての資質向上のための学びをたくさんしているのではないかというのが筆者の考えである。

　「教育・知識・介護技術等に関する問題」を解決する方法としては、更に研修を実施して知識や技術を持つことや、そもそもの資格取得のための教育・知識・介護技術等に関する内容が間違っているから変更するというのが極論となるであろう。しかし、後者は考えにくいため、この高齢者虐待の状況の公表で言わんとしていることは、前者の「もっと研修等により勉強をしなさい」と受け取ることができる。このことは裏返せば、介護職員の勉強不足から知識の無さや技術の無さという教育の問題が、介護現場で介護職による高齢者虐待を誘発させているのだという悲しい解釈もできる。更にこれを仮説として考えてみるなら、本当に介護労働者には「教育・知識・介護技術等に関する問題」が存在するのだろうか。この問題の当事者である介護労働者は、介護労働者による高齢者虐待の発生要因を厚生労働省公表と同様に考えているのか、次章からは介護労働者に直接問うことにより確認していきたい。

【参考文献】
厚生労働省:「平成24年度高齢者虐待の防止、高齢者の養護者に対する支援等に関する法律に基づく対応状況等に関する調査結果」平成25年12月26日老健局高齢者支援課認知症・虐待防止対策推進室報道

http://www.mhlw.go.jp/stf/houdou/0000033460.html（2015.9.25）

厚生労働省：「平成25年度高齢者虐待の防止、高齢者の養護者に対する支援等に関する法律に基づく対応状況等に関する調査結果」平成27年2月6日老健局高齢者支援課認知症・虐待防止対策推進室報道

http://www.mhlw.go.jp/stf/houdou/0000072782.html（2015.9.25）

厚生労働省：「平成26年度　高齢者虐待の防止、高齢者の養護者に対する支援等に関する法律に基づく対応状況等に関する調査結果」平成28年2月5日老健局高齢者支援課

http://www.mhlw.go.jp/stf/houdou/0000111629.html（2016.2.9）

第4章
介護労働者にとっての高齢者虐待防止法第25条

　第1章において、高齢者虐待防止法第25条には、都道府県に虐待と判断された件数について毎年度公表することが定められていることを確認した。また、定められている状況にも関わらず、その方法は広く周知させるには程遠い現状にあるのではないかと指摘した。そこで本章では、全国の介護労働者は、自分たちに直接関係のある高齢者虐待防止法を十分認識しているのかを明らかにしていくことを目的とした。

1　高齢者虐待の状況の公表認知度

　人口最多自治体回答者の184名（39.7％）、人口最少自治体回答者の56名（34.4％）が、高齢者虐待防止法に規定された高齢者虐待の状況の公表を知っていると回答した。両者とも認知している割合は4割に届かず、半数以上が認知していない状況が明らかとなった（表4－1）。

　高齢者虐待の状況の公表を知っていると回答した者が、どのような事業所に所属しているかを分析したところ、人口最多自治体と人口最少自治体に違いがみられた。人口最多自治体では、グループホーム、老人保

表4－1　高齢者虐待の状況の公表認知度

高齢者虐待の状況の公表について	最多自治体（市）n＝463		最少自治体（町村）n＝163	
	名	％	名	％
状況の公表知っている	184	39.7	56	34.4
状況の公表知らない	259	55.9	96	58.9
無記入	20	4.4	11	6.7

出典：筆者作成

2　高齢者虐待の状況の公表情報入手先

表4－2　高齢者虐待の状況の公表を知っている事業所割合

状況の公表知っている事業所種別ごと	最多自治体（市）n=184		状況の公表知っている事業所種別ごと	最少自治体（町村）n=56	
	名	%		名	%
特別養護老人ホーム n=111	44	39.6	特別養護老人ホーム n=31	14	45.2
老人保健施設 n=103	41	39.8	老人保健施設 n=10	4	40.0
通所介護　n=80	24	30.0	通所介護　n=53	16	30.2
訪問介護　n=57	21	36.8	訪問介護　n=32	12	37.5
グループホーム n=96	49	51.0	グループホーム n=24	8	33.3
その他　n=22	7	31.8	その他　n=10	2	20.0

出典：筆者作成

健施設、特別養護老人ホーム、訪問介護事業所、通所介護事業所の順になった。人口最少自治体では、特別養護老人ホームが最も高く、老人保健施設、訪問介護事業所、グループホーム、通所介護事業所となった。

　全調査対象者の中でも、「高齢者虐待の状況の公表を知っている」が半数を超えているのは、人口最多自治体のグループホームのみであることが明らかとなった（表4－2）。

2　高齢者虐待の状況の公表情報入手先

　先の質問において、高齢者虐待防止法に規定された高齢者虐待の状況の公表を知っていると回答した者のみに対し、それらはどのようにして知ったのかを尋ねた。その結果、人口最多自治体回答者と人口最少自治体回答者の両方が、「研修を受講して」「虐待防止法を学んで」の順になっていた。研修において高齢者虐待の状況の公表の存在を知ったという人が、約4割を占めていることが明らかとなった。そのことから推測されるのは、研修が高齢者虐待防止法を学ぶきっかけになっているのではな

表4-3　高齢者虐待の状況の公表情報入手先

高齢者虐待の状況の公表を何で知ったか（複数回答可）	最多自治体（市）n=184		最少自治体（町村）n=56	
	名	%	名	%
高齢者虐待防止法を学んで	68	37.0	17	30.4
研修を受講して	98	53.3	30	53.6
本を読んで	20	10.9	10	17.9
厚生労働省のホームページを見て	26	14.1	6	10.7
都道府県のホームページを見て	26	1.1	8	14.3
その他	9	4.9	2	3.6

出典：筆者作成

いかということである。高齢者虐待防止法を何らかのきっかけによって学び、高齢者虐待の状況の公表の存在を知ることにつながっているとも考えられる。

「本を読んで」高齢者虐待の状況の公表の存在を知ったのは、人口最多自治体回答者より人口最少自治体回答者の方が順位が高かった。人口最多自治体回答者は、「本を読んで」よりも「厚生労働省のホームページを見て」「都道府県のホームページを見て」知った割合の方が高かった。

3　日常業務と「高齢者虐待の状況の公表」の関係

「高齢者虐待の状況の公表」を知っているとした人口最多自治体184名と人口最少自治体163名に対し、調査対象者の日常業務に「高齢者虐待の状況の公表」制度が役に立っているかについて質問した。この質問への回答は全員を対象とした。日常業務と「高齢者虐待の状況の公表」の関係について、「高齢者虐待の状況の公表」を知っている人口最多自治体の184名は、役に立っているとの回答は97名（52.7％）、役に立っていないは55名（29.9％）となった。人口最少自治体の「高齢者虐待の状況

3 日常業務と「高齢者虐待の状況の公表」の関係

表4-4 「高齢者虐待の状況の公表」を知っている者

高齢者虐待の状況の公表を知っている	最多自治体（市）n=184		最少自治体（町村）n=56	
	名	%	名	%
役に立っている	97	52.7	26	46.4
役に立っていない	55	29.9	17	30.4
無記入	32	17.4	13	23.2

出典：筆者作成

の公表」を知っている56名は、役に立っているが26名（46.4％）、役に立っていないが17名（30.4％）であった（表4-4）。

「高齢者虐待の状況の公表」制度を知らない者が、本項目に回答することは矛盾しているが、筆者には制度を知らないから役に立っていないと回答されることを裏付ける意図があった。その結果、知らないのに役に立っていると回答したのは、人口最多自治体では9名（3.5％）、人口最少自治体では5名（5.2％）となった。これは、先述の設問項目に「高齢者虐待の状況の公表」を知っているかどうかを問うため、今までは知らなかったけれど、このアンケートに回答して知ったことにより、本質問項目を推測により回答したとも考えられる。また、当然の結果ともいえるが、「高齢者虐待の状況の公表」を知らないのでこの質問には答えないとしたと推測されることから、無記入が多くなったと考える（表4-5）。

表4-5 「高齢者虐待の状況の公表」を知らない者

高齢者虐待の状況の公表を知らない	最多自治体（市）n=259		最少自治体（町村）n=96	
	名	%	名	%
役に立っている	9	3.5	5	5.2
役に立っていない	81	31.3	26	27.1
無記入	166	64.1	65	67.7

出典：筆者作成

第4章　介護労働者にとっての高齢者虐待防止法第25条

4 「高齢者虐待の状況の公表」に対する視点

　上述の日常業務に「高齢者虐待の状況の公表」制度が役に立っているかについて、役に立っている、役に立っていないに関わらず、回答の選択に至った考え方を自由記述で求めたところ、役に立っていると回答した中で111件の記述が得られた。役に立っていないと回答した中では、140件の自由記述が得られた。それらを記述内容ごとに類似するものを集め、カテゴリー化した。なお、1人で複数記述したものについては記述内容数でカウントし、合計を件数で表示した。

　カテゴリーは人口最多自治体と人口最少自治体の自由記述を別に分類した。その結果、役立っていると回答した111件は、人口最多自治体89件と人口最少自治体22件となった。役立っているという自由記述については、類似する内容にカテゴリーの名称をつけたところ、7つのカテゴリーとなった。カテゴリー名を【　】で表示する。

　人口最多自治体のカテゴリーは、【見えない力が働く】4件（4.5％）、【意図しない本人行為への活用】4件（4.5％）、【知識習得への手がかり】5件（5.6％）、【自分への意識づけ】16件（18.0％）、【業務改善へのつながり】18件（20.2％）、【自分の行動の変化】は2番目に多い20件（22.5％）、【事業所研修への資料活用】が最も多く22件（24.7％）となった（表4－6、表4－7）。

　一方、人口最少自治体のカテゴリーを分類したところ、カテゴリー名称は人口最多自治体と同様なものとなったが、【見えない力が働く】【知識習得への手がかり】の2つのカテゴリーは存在しなかった。したがって、人口最少自治体では5つのカテゴリーとなった。【意図しない本人行為への活用】1件（4.5％）、【事業所研修への資料活用】が最も多く6件（27.3％）、【自分への意識づけ】4件（18.2％）、【自分の行動の変化】5件（22.7％）、【業務改善へのつながり】6件（27.3％）は同率1位となった（表4－8、表4－9）。

4 「高齢者虐待の状況の公表」に対する視点

表4-6 役立っている自由記述数

カテゴリー	最多自治体（市）n=89		最少自治体（町村）n=22	
	名	％	名	％
見えない力が働く	4	4.5	0	0
意図しない本人行為への活用	4	4.5	1	4.5
事業所研修へ資料活用	22	24.7	6	27.3
知識習得への手がかり	5	5.6	0	0
自分への意識づけ	16	18.0	4	18.2
自分の行動の変化	20	22.5	5	22.7
業務改善へのつながり	18	20.2	6	27.3

出典：筆者作成

表4-7 役立っている人口最多自治体自由記述

カテゴリー	人口最多自治体　役立っている自由記述内容
見えない力が働く（4件）	ある程度の抑止力にはなる。
	抑止策のひとつとなっているのではないか。
	公表制度があることで一定の歯止めになっている。
	抑止力。
意図しない本人行為への活用（4件）	介護をしている中で自分では虐待ではないと思っていても、他の人から見たら本人様から見たときに虐待にあたることなど、知らないとわからないことはあると思います。
	介護者が虐待と思っていなくても、日常生活の中で知らないうちに虐待をしてしまっていることもあるから。
	これくらいならいいのか？と思う事（グレーゾーン）がダメだと知った事。改めて気をつけないといけないと思った。虐待、身体拘束はやらないと決めました。
	虐待についての意識付、意識せずに行っていることが虐待である可能性に気づかされる。自分の行っているケアが適切であるか、虐待になっていないか振り返ることができる。

第4章　介護労働者にとっての高齢者虐待防止法第25条

カテゴリー	人口最多自治体　役立っている自由記述内容
知識習得への手がかり（5件）	知識の向上になっている。
	知っている知識をもって業務にあたることで防止につながる。
	自分自身の勉強・対応。
	制度についての周知が徹底されていたため。
	そういう制度があるのは何となく知っている程度で、特に日常において今のところ虐待がないのですが制度がある事、内容は知っておく必要があると思っています。
自分への意識づけ（16件）	高齢者に対する虐待が多いということを改めて感じた。業務に関わらず虐待をしていいことではないので自分の行いを振り返り高齢者に接していくことができる参考になった。
	高齢者を対象とした仕事をしているため。
	状況を参考程度で確認しているが、背景などを踏まえ大いに役立っているわけではない。
	どのようなケースで虐待が行われているか把握できる。
	他施設の状況を把握することができる。
	他施設の状況を把握することができる。
	どういうことが虐待になるかわかった。それに気をつけることができた。
	気をつけながら業務を行える。
	高齢者に対してどのような虐待が行われていたのかがわかり仕事上での参考になっている。
	どのようなものまで虐待になるのか理解できた。
	具体的な対応策が参考になった。
	最新状況を確認し施設での取り組みに活かす。
	さまざまな事例を読んで確認し日々の業務に当てはめて考え参考にしている。
	事例も詳しく載っているところもあり、決して他人事ではなく自分たちの立場に立って考えられる。いつ自分がそうなるか（加害者）かもしれないと意識をもつ、高める事にもつながる。今後も続けて欲しい。
	どういう事をしてはいけないか。
	公表をすることでより他人事では済まされないということを感じている。

4 「高齢者虐待の状況の公表」に対する視点

カテゴリー	人口最多自治体　役立っている自由記述内容
自分の行動の変化 （20件）	事例を確認しその時々の対応に役立つ。
	意識づけて対応ができる。
	ひとりの人間として接する、話を傾聴することによって穏やかになってくださる。
	虐待の統計が出ているので背景、対応がわかる。
	不適切なケアを自らが行わないように心がける。
	人権を考えながら仕事ができている。人として必要なこと。人に（職員）流されることなくアドバイスすることができている。
	そういう制度がある事を同僚に教える。また利用者にも教えることによって「してやっている」「お世話になっているのだから我慢しなければ」という旧態依然としてある風土を変えていくための一石が投じられ、また自らに対しても戒めになる。
	ただ相手に対して暴力をふるうことばかりが虐待ではない。していない気持でも相手が虐待と思えばそうなる。自分の行動の振り返りになる。
	現状を把握できる。自分の職場や自分の行為を振り返ることができる。
	虐待の状況を知る事で、自分の日常業務の振り返りを行うことができる。
	自己の業務に対する振り返り、職場においてのケアの質や環境の再認識。
	虐待への知識および行動。
	入浴時などでの身体の確認。
	利用者の方との会話。
	人員不足の中、一人一人を思いやり利用者様の話を聞くことにより少しでも役に立っていると思います。
	スタッフとのコミュニケーションも取れ１人で抱え込まないで良い。
	事例を確認することで自らをいましめたり、予防線を張ることができる。内容によっては職員間での話し合いを行っている。
	今まで行ってきた介護をかえりみることができます。
	送迎時や入浴時の虐待への疑いへの視点が広がり報告へとつながる。
	上司・職員間の報告・確認。

第4章　介護労働者にとっての高齢者虐待防止法第25条

カテゴリー	人口最多自治体　役立っている自由記述内容
業務改善への つながり （18件）	役に立っているというか日常ケアの中で、どうすれば入所者の安全が確保できるのか、どこまでが虐待でどこまでが違うか考えながら仕事をしているため。
	同じような虐待をしないよう心がける。
	そのような行動、行為が高齢者に対する虐待につながるのかを認識することで、それらを除外した高齢者にとって安全・安心なケアは何かを考えてケアを考えることができるため。
	当施設では虐待を行っていないため、公表制度について十分把握していないが、認知症高齢者の様々な言動について、その行動の裏なる思いについて深く考えるように努めている。
	自分をみつめ直し、施設としても職員が正しい方向に進めているか、入居者様にとって住みよい場所なのかを考えることもできる。
	入居者様が安全に安心した生活が送れるのかを考える事ができる。
	自分自身を律しなければという気持ちになる。
	言葉の暴力や身体拘束についてやむを得ない時尊厳を考えたらおのずとできなくなる。
	やはり何が一番多いのか問題点が含まれていると考えます。
	虐待というものをいつも意識して仕事をしているから。
	情報を得ることで自らの行為を反省し、虐待に対する理解を深める。
	意識して業務に当てはめています。
	全体の状況を知る事で意識づけができる。
	高齢者虐待の状況を確認することができるので、どのようなケースで虐待が起きたのか把握できる。もう少し内容（ケース）について詳細を確認できることにより、自施設でのケースに置き換えて考えられる。
	常に意識づけができる。
	利用者の人を自分の親と重ねて接し、対応すると虐待なんて考えられない。
	事例として共有できる、対応策が検討できる。
	闇に付されうやむやになりやすい。

4 「高齢者虐待の状況の公表」に対する視点

カテゴリー	人口最多自治体　役立っている自由記述内容
事業所研修へ資料活用（22件）	委員会等で資料として活用できるので。
	職員に事例等を話して防止に役立っている。
	職場内の研修の情報として使える。
	今現在の状況を知り、職場への周知できる。
	研修を行う時の資料。
	職員研修を行う時。
	虐待防止委員会の時。
	高齢者の虐待を法的に予防することは重要だと思いますし、この事で施設でも研修会を開催し、職員の意識を高め、風土づくりに努力しています。疑いがある時には急に対応しています。
	虐待防止の研修に活かせた。
	職員研修の資料として使える。
	原因となっている要因を知る事で、業務改善や勉強会の課題選び。
	研修も含め高齢者虐待の勉強をさせてもらい理解しているから。ただ、知っている職員もいるが、全く知らない職員もいる。内部研修や勉強会でもっと多くの人が知る機会を増やしていくことが必要。
	具体的な内容、状況を把握することにより現場指導に活かせる。
	施設内研修で県内の状況を報告したり情報として活用している。
	施設内委員会活動で事例としてあげて啓発ができる。
	施設内は意外に閉鎖的です。特に公的な情報は正確なので研修に取り入れている。
	勉強会の資料になっている。
	全体の傾向がわかり、施設内研修の参考資料にもなる。
	現状の把握、理解ができる。研修（施設内研修）等への使用等、どのような状況で虐待がおこっているか具体的な事例。
	研修や委員会等での資料にはふさわしく、外部の状況や情報を正確に知り得ることができる。ただ、その一件に至った経緯と背景、その後の対応や再発防止策など、一連の状況を知るには多少乏しいと感じている。
	OJTへの資料。
	研修の資料や虐待高齢者の実態を把握するために活用をさせていただいている。

出典：筆者作成（アンケート自由記述原文のまま）

表4－8　役立っている人口最少自治体自由記述

カテゴリー	人口最少自治体　役立っている自由記述内容
意図しない本人行為への活用（1件）	暴力や介護放棄だけでなく虐待でもいろいろある事。虐待しているつもりのないところで虐待となる場面が家庭でも施設でもたくさんあるだろう。
事業所研修へ資料活用（6件）	こういうのが虐待なんだ、これはいけないなど自分のこととして考える材料となる。また研修の資料にもなる。
	会議（職員研修）等で定期的に研修を行い知識や倫理観として虐待防止につなげている。
	勉強会等で話題になり細かい事まで「虐待」を考える機会がありました。
	3か月に1回虐待防止委員会を開き勉強会をしている。
	研修を受けて高齢者虐待についてよく学べた。
	制度だからと言うわけでもないが常に施設内研修を通じて意識づけができていると思う。
自分への意識づけ（4件）	意識したことはないが訪問先の利用者には独居で頑固な自分の思うような嫌味を言ったり、認知症で攻撃的な発言をする人等様々。それに対して感情的になる時も実際のところよくある。が、そこまでで留めている。
	公表された内容を知ることで、実際の現場で同じような事が起きないよう予防することができている。
	状況を知る事でもしかしたら虐待と思っていなかったことでもそうであったと知る事ができたり、対応、アドバイスにつなげていくことができる。
	具体的な内容は書いていないが、同業者として納得できる部分もあるが、改めて気をつけようと思うから。
自分の行動の変化（5件）	制度を知ったうえで行動することができるから。
	毎日の看護介護場面で自己の看護を振り返る。
	これは虐待ではないかと注意して観察できる。
	いろいろな情報を得ることが出来、又、自分自身におきかえてみることで日々の業務内容を見直すことが出来る。自分の成長につながる。
	職員、利用者様をよく見させていただくことができる。
業務改善へのつながり（6件）	現在の福祉に関する状況が把握できるから。今後増加するであろう高齢社会について、今何が自分たちにできるのか等考えさせられるから。
	意識の向上。
	高齢者虐待防止の意識付につながっている。
	制度より自分がやられていやな事をするな！！といつも上司に言われます。
	自分のケアが「不適切」かどうかを判断する指針になっている。
	高齢者の尊厳、倫理を重んじるから。

出典：筆者作成（アンケート自由記述原文のまま）

4 「高齢者虐待の状況の公表」に対する視点

　状況の公表が役に立っていないとした自由記述についても、人口最多自治体と人口最少自治体別にカテゴリー分類した。その結果、役に立っていると回答した合計140件は、人口最多自治体109件と人口最少自治体31件となった。全部で6つのカテゴリーに分類された（表4-9）。

　人口最多自治体のカテゴリーは、【存在の不認知】50件（45.9％）、【所属先で未発生】18件（16.5％）、【活用レベルに至らない】29件（26.6％）、【公表内容に問題を感じる】4件（3.7％）、【虐待者の問題と考える】2件（1.8％）、【環境に問題がある】6件（5.5％）となった（表4-10）。

　一方、人口最少自治体のカテゴリーを分類したところ、カテゴリー名称は人口最多自治体と同様になった。【存在の不認知】14件（45.2％）、【所属先で未発生】6件（19.4％）、【活用レベルに至らない】5件（16.1％）、【公表内容に問題を感じる】3件（9.7％）、【虐待者の問題と考える】2件（6.5％）、【環境に問題がある】1件（3.1％）となった（表4-11）。

表4-9　役立っていない自由記述

カテゴリー	最多自治体（市）n＝109		最少自治体（町村）n＝31	
	名	％	名	％
存在の不認知	50	45.9	14	45.2
所属先で未発生	18	16.5	6	19.4
活用レベルに至らない	29	26.6	5	16.1
公表内容に問題を感じる	4	3.7	3	9.7
虐待者の問題と考える	2	1.8	2	6.5
環境に問題がある	6	5.5	1	3.1

出典：筆者作成

第4章　介護労働者にとっての高齢者虐待防止法第25条

表4－10　役立っていない人口最多自治体自由記述

カテゴリー	人口最多自治体　役立っていない自由記述内容
存在の 不認知 （50件）	知らなかったので！今後参考にしていきたい。
	知らないから。（他12件）
	知らない為役に立っていないと言える。研修を受けるなどして役立てる機会をもっと作ってほしいと思う。
	わからない。（他1件）
	見たことがないから。
	見たことがありません、虐待については新聞や雑誌で情報をとっています。
	特に見る機会が今までなかった。
	知識不足の為。
	そのような制度がある事を知らなかったから。（他17件）
	その制度を知らない。分からないので役に立っているかどうかの判断は不可能。
	制度そのものを知らなかった。また、公表されているものをあまり目にすることがない。
	実際に職場で虐待事例があったことがなく、研修はしているが、公表制度を見たことがない。
	これまで知らず活かせていない。
	この制度そのものが認知されていない。もちろん利用者家族も知らない。
	公表制度そのものが一般的ではなく、制度を理解しきれていない（例：消費税などの制度のように誰もが知る制度ではない）。
	現場スタッフの認識不足（勉強不足）、介護服使用等夜間のみということで家族への説明がない場合もある。
	気にしてないから。
	介護職員がその制度があることを認知していない。
	今知ったので。
	意識して確認したい。職員には伝えていない。やらないことが当たり前で身体拘束廃止研修は行っているが、知識のみで実情は把握していなかった。
活用レベルに 至らない （29件）	あまり現状では直接見えてくる部分が必要性がない。これから先には疑わしい部分がある方もでてくるかもわからないが現在は役立っていない。
	改善にはなっていない。

4 「高齢者虐待の状況の公表」に対する視点

カテゴリー	人口最多自治体　役立っていない自由記述内容
活用レベルに至らない（29件）	管理職から指導はあるが把握していない。
	虐待が減っているとは思わない。
	研修棟で学んではおりますが…日常業務の中で各々の職員に周知になっているか把握できない。
	公表されているのは知っているが見ていない。
	公表されている物は氷山の一角と思われる。「公表しなければならない」という形式的なものになっているように感じる。
	公表しても虐待がなくならないから。
	公表そのものが実際の日常業務に直結しているとは思っていない。
	事業所の違いによって関わり方、対応の仕方（施設・居宅）が違うと思います。内容に対する具体的な対応方法とその時の周りの環境（人員体制）も知ることができたらうれしく思います。
	施設内の勉強会等で取り上げておらず、職員全体に周知されていないため。
	自分で情報収集しなければ情報があまり入ってこない。
	情報が広くいきわたらないため参考にできない。
	情報としては知っていますが、公表された物を見たことはないため。
	職員研修の資料として利用するが、そこから現場の介護にどう生かすかという議論が部内で十分出来ず、そうなんだ、そんなにあるんか…とただ数字だけを見て終わってしまっている。
	職員等へ周知ができているかという課題がある。
	制度的なところを理解して日常に生かすに至っていない。
	その公表を見て職場内研修に活かしていないため。
	特別養護老人ホームの施設ケアマネとして日常的に活用している情報ではない。もちろん社会情勢を把握するための情報として目を通す機会はある。
	どこまでという線引きがあいまい。
	中身を把握できていない。
	日常業務には使用していません。
	必要性を感じていないため利用していない。業務が多忙で活用できていない。
	日々の業務に直結されていない。
	他の施設で9年経験し退社。現在は新しい施設で2年勤務。まだ職場の雰囲気になれないこともあり業務態度や状況を観察勤務中。
	毎日の業務が忙しすぎて後回しになっている。毎日することがたくさんある。

第4章　介護労働者にとっての高齢者虐待防止法第25条

カテゴリー	人口最多自治体　役立っていない自由記述内容
活用レベルに至らない（29件）	見ていない人が多いと思う。
	身の回りで発生が無く、他者から耳にすることも無い。虐待はいつ起こるのかはわからない。研修は行っているが、公表制度はどのように役立つか不明瞭である。
	分かりにくい。
所属先で未発生（18件）	今まで虐待といった事例を経験したことがない為。
	虐待が発生していない為。
	虐待に遭遇する機会があまりない。
	虐待の研修を年1回行っているが今のところ事例はない。
	現在の職場では虐待行為が行われたことがないため、特に必要性はない。
	現段階で虐待にあたる事例が当施設ではないから。
	個別事例は業界内として耳に入るものの等事業所では一切虐待事例はなく事例検討の場がない。
	施設内において虐待がおこった事はない。
	たぶん職員の感覚がどこか他人事のようにとらえているように感じる。虐待の定義というか何が虐待にあたるのかがよく理解されていないので、表面化することがあまりない。
	担当する人たちに該当しない事。
	知識として知っていても、自分の職場ではそういった事が起きていないから。
	使ったことがなかった。今度は使ってみたいが、虐待がある状況に出会った場合になると思う。
	特にないので。
	日々の業務中に関係がない、直接的に影響しないので。
	ほとんど目にしない。
	身近な所に通報が必要な虐待の例がなかった。
	自ら見ることがないため。
	私の施設で虐待の事例はありませんが、もしあったとしても他の方にばれないように行うと思われるので、認知の方だと虐待されてもすぐ忘れてしまったり、理解されないことが多いため、公にはならないと思います。

4 「高齢者虐待の状況の公表」に対する視点

カテゴリー	人口最多自治体　役立っていない自由記述内容
公表内容に問題を感じる（4件）	家庭内で抱えている問題は表面に現れにくいのではないか。
	公表されているものは少ないと思うから。
	すべてを公表していると限らないから。
	福島県のホームページでは、参考になるような事実が公表されておらず、法律に関しての記載の為、現実味がない。また、公表した所で虐待が無くなるかと言えば、「たくさんの人が介護疲れで虐待に発展しているのだから私もちょっとくらい…」と思ってしまう。あおってしまうようにはならないかと私は思います。
虐待者の問題と考える（2件）	どんなに公表しても虐待する側に問題があるため。
	虐待を行っている職員は虐待の意識がない。
環境に問題がある（6件）	上司も黙認せざるをえない状況がある。
	ゆっくり確認する時間がない。
	実際に現場で働いていると他の施設での虐待の話を聞いても施設の環境、人員、療養者、職員などの背景があると思う。
	日常的に虐待と思われる言葉を耳にする。しかし、言っている本人は何の悪気も感じておらず周りも笑っている。
	公表する側は無い。
	人員不足のため仕方ない。

出典：筆者作成（アンケート自由記述原文のまま）

表4-11　役立っていない人口最少自治体自由記述

カテゴリー	人口最少自治体　役立っていない自由記述内容
存在の不認知（14件）	存在を知らなかった為。（他6件）
	その制度があったことを知らなかった。（他4件）
	制度をよく理解していない為。
	現在公表の情報が手前まで来ない。
所属先で未発生（6件）	あまり目にすることがない。
	虐待はないので。
	この様な制度を身近に感じたことがないから。
	担当ケースに虐待があたることが現在はない。
	当施設においては虐待の事例は、今のところない為、状況の公表を見る機会がなく役立っていると思わないから。
	身近に発生する事例がない。

第4章　介護労働者にとっての高齢者虐待防止法第25条

カテゴリー	人口最少自治体　役立っていない自由記述内容
活用レベルに至らない（5件）	公表後の改善策や予防策があげられていないため公表で終わっているから。
	高齢者虐待の状況の公表制度がもっと目につく場にあると意識すると思うが、普段の生活・仕事では目にする機会が少ないため。
	施設内での研修がないため。
	制度自体周知されていないと思う。
	報告がない為虐待について考えたり話し合いの場がない。
公表内容に問題を感じる（3件）	状況を把握したからと言って何も変わりはないと感じます。
	公表したところで…。
	情報が少なすぎる。
虐待者の問題と考える（2件）	施設内での報告として行っていない為知っている者、知らない者がいる。施設内への報告をしなければあまり役立っているとは言えない。そもそも虐待を行うような者がそういう物を自らすすんで見るとは思えない。
	他の施設の状況を把握してもどうにもならない。自分たちがと言う意識をもたないと！！
環境の問題（1件）	役に立っているとは思うが、施設従事者の場合、相談・通報に至るまで難しい部分があると思います。（職場の体質などで）

出典：筆者作成（アンケート自由記述原文のまま）

5　高齢者虐待防止法第25条の実情

　本調査において介護労働者の半数以上は、高齢者虐待の状況の公表を知らないという結果となった。高齢者虐待の状況の公表を知らないから当然の帰結として、高齢者虐待の状況の公表が役に立たないと感じている割合は、全体の3割を超えていた。また、高齢者虐待の状況の公表を知っていても役に立たないと感じている割合も全体で3割という結果になった。

　高齢者虐待の状況の公表を知っている者で役に立っていると感じている割合を、調査対象者全体数の626名においてどの程度占めるか比較すると、全体の19.6％と約2割（表4－4参照）にとどまっている。高齢者虐待の状況の公表を知っているとした合計240名（表4－1参照）中、

5 高齢者虐待防止法第25条の実情

役に立っていると感じているのは123名の51.3％（表4－4参照）である。本調査対象者に限れば、法第25条が高齢者虐待を防止するために役立っているという効果を感じているのは、約2割に留まっているといえるだろう。

　高齢者虐待の状況の公表を知っているか否かに関わらず、両者に共通してどのように役に立っているかについては、【事業所研修への資料活用】が最も多かった。介護現場では、施設内研修や委員会活動などにおいて資料として用いている状況がうかがえた。ここで研修にどのように取り入れているのかについては、具体的に質問しなかった点が残念である。

　筆者が、介護現場でどのように【事業所研修への資料活用】をしているのか、興味をもった理由は、第1章において述べたように、都道府県による高齢者虐待の状況の公表において虐待の内容を公表しているのは、平成24（2012）年度分において5都県に限られているからである。事業所内研修資料として高齢者虐待の状況として公表された部分の何を用い、どのような学びを目指して研修を展開しているのか、そして研修効果はいかがかということを本調査では明らかにできなかったが、これは非常に興味深い。

　続いて、自治体による順位の違いはあるが、高齢者虐待の状況の公表が役に立っているとした記述カテゴリーの2番目と3番目は、【業務改善へのつながり】【自分の行動への変化】となった。これらは、どのような方法によるかは別として、高齢者虐待の状況の公表にアクセスした結果もたらされた効果といえるだろう。この点から考えると、高齢者虐待の内容が公表されるかどうか、どれくらいの介護労働者に影響を与えるかはともかく、公表されることによって好転する現状があることも事実である。

　一方で、高齢者虐待の状況の公表は役に立っていないとしたグループの記述カテゴリーからは、【存在の不認知】を除くと、【活用レベルに至らない】【所属先で未発生】が多かった。【活用レベルに至らない】については、前述の役に立っているグループと逆の現象である。具体的内容

第4章　介護労働者にとっての高齢者虐待防止法第25条

として、どの部分が活用するのに不足があるのかをこの度は調査していないので、活用できるようになるための改善策を提案することはできない。しかし、筆者は高齢者虐待と判断された件数だけを見ても、役に立った感が起こらないと考えている立場であり、自分の介護実践へ結びつけて高齢者虐待を防ぐために、具体的に「何が」虐待行為と判断されたのかを理解しなければ、自分の行為を点検するにはあまりにも大雑把すぎるのではないかという問題提起をしたい。

　さらに、【所属先で未発生】というカテゴリーからは、所属先で虐待が起こった場合に、高齢者虐待を防止するためにはどうすればいいのかを調べるために高齢者虐待の状況の公表にアクセスし、対応について参考にするだろうという将来の予測行動を包含しているように推測できる。高齢者虐待が起こって初めて、高齢者虐待の状況の公表が役に立つものという認識であるとすれば、高齢者虐待防止という第一義的目的を介護労働者が意識することは少ない状況といえるかもしれない。

　高齢者虐待防止法第25条の状況の公表が意図したように、現場サイドへ情報の周知・啓発活動が十分になされている状況であるかという点については、本調査結果から強い疑問をもった。平成18（2006）年の法施行から調査時点で8年経過しているが、半数以上が高齢者虐待の状況の公表を知らないという事実には、正直驚くばかりである。本調査対象者が介護労働者であることが一因なのか、同調査を事業所長クラスに実施した場合にどのような結果になるのかは、非常に興味深いところである。しかし、仮に事業所長が知っていたとしても、介護労働者へその情報を提供することがなされなければ、事業所における高齢者虐待防止対策は、介護労働者への個人任せ主義的になるだろう。万が一にも、事業所長たる者が高齢者虐待の状況の公表を知らないとすれば、それはそれで管理者としての資質が疑われるものである。事業所長が高齢者虐待の状況の公表を知らなければ、末端の介護労働者まで高齢者虐待の状況の公表に関する情報提供がなされる可能性は、極めて低くなることは想像に難くない。

6　脱ワンサイドゲーム

　第1章において高齢者虐待防止法第25条の公表の目的について触れた。繰り返しになるが、本法は高齢者虐待の加害者に対する制裁を目的としているのではなく、高齢者虐待の防止を目指している。高齢者虐待が発生しないようにする取組に反映されてこそ、本法の意義があると筆者は考える。しかし、本調査で明らかになったように、法第25条の「高齢者虐待の状況の公表」自体を介護労働者等の実に半数強が知らないという、お粗末な状況が明らかとなった。

　この要因については、第1章で論じた都道府県による公表の方法に影響される点を強調したい。藤田（2016）は、高齢者の貧困に対する国民への周知や学習機会提供の仕方に関し、国の方法を批判的に表現しているが、正に都道府県による「高齢者虐待の状況の公表」についても同様の問題をはらんでいると断言できる。藤田の表現をそのまま紹介したい。

　「ホームページを見れば書いてある」というのは知らせることにならないし、その情報にたどり着けるほどITリテラシーの高い高齢者がどれほどいるだろうか。
　（中略）いわばルールを教えずにワンサイドゲームを行うようなもので、（中略）これを個人の「無知」で片づけるのは、到底承認できない。

藤田孝典（2016：138）より引用

　近年の介護労働者においては、コンピューターを使いながら業務を行うことは日常的な事である。しかし、コンピューターを業務として使うことと、高齢者虐待に関する情報を自らITを使いながら学ぶこととは別物であり、自発的に学ぶ介護労働者はどれだけ存在するだろうか。自ら学ぶという主体的学習が、現在の介護現場にどれほど浸透しているかという側面を見ることでもある。

第4章　介護労働者にとっての高齢者虐待防止法第25条

　藤田が指摘する内容をそのまま介護労働者に当てはめて考えると、都道府県や国が、年に1回「ホームページで公表している」から、介護労働者は「ホームページを見て学ぶ必要がある」ということは、ワンサイドゲームに値するものであろう。「ホームページで公表している」ことは行政側の都合であって、このことが介護労働者の学びに適しているのかという視点とは論点が違うだろう。極論を言えば、都道府県や国の方法論である「ホームページで公表」することは、介護労働者による高齢者虐待を防止することとの因果関係は説明できるのかということである。くどいが、ホームページによる「高齢者虐待の状況の公表」は、介護労働者による高齢者虐待を防止するという根拠をどこに見つけることができるのだろうか。

　この点は、第3章の高齢者虐待の発生要因との関連でさらに深めなければならない点である。

【参考文献】
藤田孝典（2016）「下流老人　一億総老後崩壊の衝撃」朝日新書

第5章
介護労働者が考えるミスコミュニケーション

　介護労働者にとってのコミュニケーションとは何か、また、何のためにコミュニケーションが職務遂行において大切だと言われるのであろうか。

　介護において人間関係をつくるためにコミュニケーションを介在させる（井上：2005）、コミュニケーションによって人間関係が成り立つ（岡堂：1997）、適切なコミュニケーションは人間関係の良好さと関連がある（水野：1998）など、コミュニケーションと人間関係については多々論じられている。

　コミュニケーションは介護労働の中で援助関係を形成するための基盤となるもので（吉田：2014）、高齢者施設における苦情内容を分析した大友（2003）が、苦情の背景にあるコミュニケーションの欠如について述べている点などからも、コミュニケーションは、介護労働者にとって利用者との関係性の本質に関わるものであるといえる。一方、このコミュニケーションは非常に難度の高いものでもある。本章では、介護労働者が体感しているコミュニケーションの難しさの一端を明らかにしていきたい。

1　コミュニケーションエラーとは

　工業界や運輸業界などにおいて人為的に起きた大事故などを検証してみると、ヒューマンエラーが多々挙げられている。このヒューマンエラーは、様々な分野に存在しており、幾多の重大事故につながっている。高原（2008：10）はヒューマンエラーを「人間による過誤で、確認の段階、判断の段階、行動の段階で発生する失敗であり、注意しているつもりで

第5章　介護労働者が考えるミスコミュニケーション

も、つい失敗してしまうミス」と定義付けている。ヒューマンエラーは「うっかりするミス」ともいえるもので、人間が侵すその背景には、錯覚や不注意、省略行為や近道行為などがあり、それらは人間の行動特性でもある。

　看護現場では、誤薬や患者取り違えなどの事故発生に対して、医療の安全についてコミュニケーションの視点から再発防止に向けた取組が行われている。看護業界における誤薬ミス事例などから、コミュニケーション過程において、一部情報の見過ごしが起こり得ることは、人間の行動特性として指摘されている。松尾（2003）は、患者1人に対して多職種で関わっていかなければならない医療の職場では、適切なコミュニケーションが行われなければ、インシデントや事故につながるリスクが高く、コミュニケーションは情報伝達としてきわめて重要だと述べている。したがって、コミュニケーションは重要であるが、コミュニケーションにも特性があることを認識しなければならないのである。

　コミュニケーションは、情報の送り手が曖昧な状態で内容を送ったり、誤った内容を送ったりすることもあれば、送り手に問題はないが情報の受け手が勝手な解釈をしたり、思い込みで情報を受け取ったりすることにより事故が起きてしまうこともある。このような状況をコミュニケーションエラーと呼び、正しく必要な情報が伝達されなければコミュニケーションエラーは防ぐことができないとされる一方で、コミュニケーションエラーの根絶は難しいとも言われる。それは、情報の送り手も情報の受け手も両者が自分は正しいという思い込みがあるからなのだ。

2　コミュニケーションのパターン

　利用者と介護労働者が、支援関係を形成するためにコミュニケーションを媒介させる。この二者間のコミュニケーションでは、メッセージの送り手と受け手が存在する。メッセージの送り手は、言葉による言語的コミュニケーションと言葉によらない非言語的コミュニケーションを用

2 コミュニケーションのパターン

いながら、受け手に自己の意志を発信する。受け手は、送り手の言語的コミュニケーションと非言語的コミュニケーションから、送り手が何を発信したいのかを受け止めることを行っている。

　岡本（2011）によると、この間送り手は自分が伝えたい内容の事実や、事実に関連した推測や願望、感情など様々なものを含んでメッセージとして送っていると同時に、受け手は、送り手が伝えようとしていることを十分に理解するために、何を伝えたいのか受け手の中で推論することが始まっているとされる。この受け手の推論には、受け手が送り手の不十分な情報伝達部分を補うための推論までもが混在してしまうことが、実際のコミュニケーションにあるとされる。つまり、メッセージの送り手は全ての情報を送っていないために、受け手がその不十分さを補完するために推論することによって、コミュニケーションが行われているのである。メッセージの送り手がどのような不完全情報を送っているかについて、ジョセフ・オコナーとジョン・セイモア（訳・橋本敦生：1997）が紹介している。また、NLP（神経言語プログラミング）の創始者であるジョン・グリンダーとリチャード・バンドラーによるコミュニケーションのパターンがある（表5－1）。

　コミュニケーションには、「一般化」「歪曲」「省略」という現象が存在しているが、このことが良いことか悪いことかという視点で論じるものではない。日常会話において「一般化」「歪曲」「省略」をせずに相手に伝えようとするならば、メッセージの送り手は非常に多くの言葉を用いて、長く話をしなければならなく、時間ばかりかかってしまうことになる。反対に、時間ばかりかかっては大変だからと「一般化」「歪曲」「省略」によって、重要なことが受け手に伝わらなければ、コミュニケーションの意味が無くなってしまうのである。これらから、コミュニケーションには、特定のパターンが存在し、そのパターンを理解してメッセージの送受信を行う必要性を理解しなければならない。

第5章　介護労働者が考えるミスコミュニケーション

表5-1　コミュニケーションパターン

	解説	事象	例示
一般化	ひとつの例や出来事から、一般的な結論へ方向づける。一度や二度の体験によって、全てそうだと意味づけてしまう思い込み。	前提	「またウソをつかないでね。」→既にウソをついたことが体験となっていて、ウソをつくという前提で話をする。
		普遍的数量詞（全称限定詞）	「みんながゲームを持っているから買ってよ。」→例外を認めない表現となる。
		可能性の叙法助動詞（限界を表す）	「私には出来ません。」→侵すべきではないというように、無言のうちに限界を設定している。
		必要性の叙法助動詞（一定の行動規範をつくる）	「女性なのでおとなしくしなければならない。」→行動範囲の中においてルールを設定する。
歪曲	それぞれの人のフィルターが作り出す思い込み。	因果	「休みを取りたいが、私がいないと会社がつぶれる。」→ひとつのことが反射的にある状態を引き起こすことを想定している。
		等価の複合観念（二つのものが同一視される）	「君は注意を払っていない。」→私が話している時には私を見ながら話を聞いて欲しいというように、持っている期待がその通りになっていない。
		読心術	「あの人は怒っているのに認めようとしない。」→証拠もないのに、自分は相手の気持ちがわかる、相手は私の気持ちをわかるはずだと考える。
		判断	「私はダメな人間だ。」→まるで事実であるかのように表現される。先入観。
省略	ある出来事や物事に対して、ある側面にのみ注意を払い、他の側面を無視してしまう傾向を持つ。	比較	「もっと仕事をしないと。」→何と比較しているのかが不明瞭である。以前の自分という内部的な比較、他者という外部的な比較がある。
		不特定名詞（指示語の欠如）	「意見の相違だ。」→具体的にどのようなことなのか、誰のことかなどの詳しいことが特定されない。
		不特定動詞	「私は怪我をした。」→副詞がないためにどのようにという点が特定されない。
		名詞化	「尊敬と威厳をもって行われる。」→動詞が名詞化し抽象的になり、誰が、どんな風にかなどが特定されない。

出典：ジョセフ・オコナーとジョン・セイモア（訳・橋本敦生：1997）をもとに筆者作成

3 ミスコミュニケーション

　コミュニケーションには、「一般化」「歪曲」「省略」という特徴的要素があり、これらはメッセージの送り手と受け手の双方に存在するものであるから、我々の日常のコミュニケーションにおいては、メッセージの送り手の意図が寸分違わずに受け手に伝わることはないということなのだ。だからこそ、人は日頃からコミュニケーションにおいて、可能な限りよく伝えよう、よく理解しようと努力しているのである。しかし、先述したように、コミュニケーションエラーによる重大事故が発生しているのも事実であり、コミュニケーションエラーを完全になくすことはできないのかもしれない。

　労働災害の領域でハインリッヒの法則という考え方がある。一つの重大事故の背景には、29の軽微な事故があり、その背景には300の異常が存在するというものである。この考え方をコミュニケーションに応用すると、重大事故につながるコミュニケーションエラーには、エラーになるまでの小さなミスコミュニケーションが隠れているということができる。

　ミスコミュニケーションの考え方について、岡本（2011a：9）は「コ

表5－2　コミュニケーションが適切に伝わらない場合

	適切に伝わらない場合
非伝達	そもそも、送り手が伝えるべきことを伝えようとしない。
誤伝達	送り手が事態を誤って伝える。
欺瞞・誤誘導	送り手が事態を故意に歪めて伝える。
看過・無視	受け手がメッセージに気づかないか、気づいても無視する。
理解不能	受け手が何も推論できない。
誤解	送り手の意図と受け手の推論が異なり、事態が正しく伝わらない。
過剰推論	送り手が何も意図していないのに受け手が勝手に推論する。
曲解	送り手が意図したことを受け手が故意に歪めて推論する。

出典：岡本（2011：13）より筆者作成

第5章　介護労働者が考えるミスコミュニケーション

ミュニケーションがうまく行かない事態」と定義している。岡本は、コミュニケーション技能のコンテストで優勝した女性と勘違いされることを回避するために「ミス・コミュニケーション」という表現を用いている。本書では、WEB等で多く用いられている「ミスコミュニケーション」という表現を用い、一般的な視点でコミュニケーションを捉えていくことにする。

　ジョン・グリンダーとリチャード・バンドラーによるコミュニケーションのパターンからも、コミュニケーションには特定のパターンがあることが明らかとなった。全てを言語化して伝えることは日常では難しいため、送り手の意図と受け手の意図が違う場合に発生するミスコミュニケーションは、日常的にはよく起きているものと考えることができる。そこで本書では、利用者と介護労働者の間の事故につながるようなコミュニケーションエラーではなく、利用者の日常生活支援において介護労働者が感じるミスコミュニケーションについて検討する。

　ミスコミュニケーションは、利用者と介護労働者の双方にストレスをもたらすことになる。例えば、介護労働者が利用者へ言葉をかけた際に、介護労働者が意図したように利用者に伝わらなかった場合には、利用者を怒らせたり不快な思いにさせたりし、介護労働者は利用者の反応により何らかのストレスを感じることが起こる。反対に利用者の立場になれば、意図しない言葉や不意な言葉を介護労働者から発せられ、利用者の解釈や思い込みによる受け止めや歪曲した受け止め方によって、利用者自身がストレスを感じることも起こる。

　本調査では利用者を調査対象としていないため、介護労働者の発した言葉によって起こるミスコミュニケーションの存在を明らかにし、コミュニケーションの難度の高さを理解していくことを目的とした。

4　ミスコミュニケーション調査

　本調査は、第2章における全国の人口最少自治体の調査対象者と人口

最多自治体の調査対象者に同時に実施したものである。介護労働者は、利用者との関係におけるミスコミュニケーションをどのように捉えているかについて調査を実施した。質問項目に選択肢を設け回答してもらい、ミスコミュニケーションがあったと回答した場合には、さらにミスコミュニケーションと感じた場面で発した自らの言葉を記述してもらった。調査結果の分析方法は、人口最少自治体の調査対象者と人口最多自治体の調査対象者について、質問項目を単純集計した。ミスコミュニケーションの実際の言葉については、カテゴリー化した。

5 ミスコミュニケーション体験の有無

「あなたは、これまでにあなたの伝えた言葉によって、利用者の方が誤解して受け取ったと感じたことはありますか」という設問により、過去に利用者支援過程においてミスコミュニケーションとして感じた体験の有無を尋ねた。

その結果、「なかった」と明確に回答したのは、人口最多自治体の調査対象者では86名（18.6％）、人口最少自治体の調査対象では29名（17.8％）であった。あったのかなかったのか回答から読み取ることができなかった「無回答」は、人口最多自治体の調査対象者が153名（33.0％）、人口最少自治体の調査対象78名（47.9％）であった。人口最少自治体の調査対象については、半数に近い調査対象者が無回答となった。「あった」の回答者は、人口最多自治体で224名（48.4％）と約半数近くが、自覚した経験を持っていたのに対し、人口最少自治体では56名（34.4％）となった（表5-3）。

ミスコミュニケーションの体験について「あった」と回答した者のみを抽出し、さらに自治体別のほかに、事業所、職種、資格、役職の属性ごとにクロス集計した（表5-4）。

第5章　介護労働者が考えるミスコミュニケーション

表5-3　ミスコミュニケーション体験の有無

誤解して受け取られた言葉	最多自治体（市）n=463		最少自治体（町村）n=163	
	名	%	名	%
あった	224	48.4	56	34.4
なかった	86	18.6	29	17.8
無回答	153	33.0	78	47.9

出典：筆者作成

表5-4　ミスコミュニケーション体験者の詳細

誤解して受け取られた言葉「あった」		全体			人口最多自治体			人口最少自治体		
		n	名	%	n	名	%	n	名	%
事業所別	特別養護老人ホーム	143	63	44.1	111	52	46.8	32	11	34.4
	老人保健施設	114	51	44.7	103	48	46.6	11	3	27.3
	通所介護事業所	134	57	42.5	80	42	52.5	54	15	27.8
	訪問介護	90	36	40.0	57	23	40.4	33	13	39.4
	グループホーム	120	60	50.0	96	49	51.0	24	11	45.8
職種別	介護職	423	186	44.0	300	143	47.7	123	43	35.0
	相談員	97	55	56.7	75	46	61.3	22	9	40.9
	介護支援専門員	74	40	54.1	59	30	50.8	15	10	66.7
	看護師	60	20	33.3	46	18	39.1	14	2	14.3
資格別	ヘルパー2級	202	82	40.6	139	61	43.9	63	21	33.3
	介護福祉士	415	200	48.2	313	157	50.2	102	43	42.2
	社会福祉士	47	24	51.1	40	22	55.0	7	2	28.6
	看護師	65	21	32.3	50	18	36.0	15	3	20.0
	認知症ケア専門士	24	14	58.3	20	12	60.0	4	2	50.0
	介護支援専門員	151	75	49.7	119	59	49.6	32	16	50.0
	資格なし	21	4	19.0	14	4	28.6	7	0	0.0
役職	あり	226	135	59.7	210	108	51.4	56	27	48.2
	なし	357	145	40.6	253	136	53.8	107	30	28.0

出典：筆者作成

6　ミスコミュニケーションの発生時間帯

　先の質問においてミスコミュニケーションを感じた調査対象者のみに、その発生時間帯についてさらに質問した。

　人口最多自治体では、ミスコミュニケーション発生時間帯を「13時～16時」とする回答が最も多かった。人口最少自治体では、ミスコミュニケーション発生時間帯を「8時～11時」とする回答が多く、3割を超えた。

　しかし、この「8時～11時」と「13時～16時」の時間帯は、どちらの自治体においても上位2つを占めるものであり、この2つの時間帯は、全体の半数に届くような状況となっている。

　さらに両自治体を比較し特徴的な点は、「19時～22時」の時間帯のミスコミュニケーションの発生率の差である。人口最多自治体は13.4%であるのに対し、人口最少自治体では1.8%である。同様に、「11時～13時」についても、人口最少自治体は14.7%であるのに対し、人口最少自治体では7.1%である（表5－5）。

表5－5　ミスコミュニケーション発生時間帯

発生時間帯（複数回答）	人口最多自治体（市）n=224		人口最少自治体（町村）n=56	
	名	%	名	%
5時～8時	18	8.0	2	3.6
8時～11時	46	20.5	17	30.4
11時～13時	33	14.7	4	7.1
13時～16時	55	24.6	12	21.4
16時～19時	21	9.4	7	12.5
19時～22時	30	13.4	1	1.8
22時～5時	21	9.4	7	12.5
その他	12	5.4	3	5.4

出典：筆者作成

第5章　介護労働者が考えるミスコミュニケーション

7　ミスコミュニケーションの発生要因

　ミスコミュニケーションの発生要因について、その他を含めた6つの選択肢によって複数回答可能としたところ、人口最多自治体と人口最少自治体の調査対象者ともに、「経験不足」「判断ミス」「態度の不備」「その他の原因」「業務過重」「介護管理上の不備」の順になった。
　「業務過重」や「介護管理上の不備」は、他項目の半数以下になった。つまり、ミスコミュニケーションの発生要因は、介護管理上の不備に問題があるのではなく、職員としての自分の経験や判断、態度によると介護労働者は考えていることがわかる（表5－6）。

表5－6　ミスコミュニケーションの発生要因

誤解して受け取られた言葉の要因（複数回答）	人口最多自治体（市）n＝224		人口最少自治体（町村）n＝56	
	名	％	名	％
経験不足	70	31.3	16	28.6
業務過重	27	12.1	7	12.5
判断ミス	64	28.6	16	28.6
介護管理上の不備	10	4.5	4	7.1
態度の不備	63	28.1	13	23.2
その他の原因	52	23.2	13	23.2

出典：筆者作成

8　ミスコミュニケーションの責任の所在

　人口最多自治体と人口最少自治体ともに、半数以上が「自分を責めた」と回答している。つまり、利用者に自分の言ったことが伝わらなかったのは、自分のせいだと感じているのである。「他者を責めた」は極わずかである。ここでの他人とは利用者が該当すると想定されるが、利用者に自分の言ったことが伝わらないのは、利用者の責任であるとは捉えないのが介護労働者の特徴でもあるようだ（表5－7）。

表5−7　ミスコミュニケーション発生後の反応

誤解して受け取られた言葉があったと感じた時の反応（複数回答可）	人口最多自治体（市）n=224		人口最少自治体（町村）n=56	
	名	%	名	%
自分を責めた	127	56.7	32	57.1
他人を責めた	5	2.2	2	3.6
責任を認めた	80	35.7	14	25.0
その他の反応	21	9.4	5	8.9

出典：筆者作成

9　実際に発した言葉の分類

　利用者の方が誤解して受け取ったと感じたことが「あった」の回答者に、具体的に自分がどのような言葉を発したのかを記述してもらった。

　人口最少自治体で224名（48.4％）中の124名（55.4％）と人口最少自治体56名（34.4％）中の25名（44.6％）より、内容の記述を得ることができた（表5−8）。合計149件の自由記述から、「覚えていない」「忘れた」などの記述34件を除外し、115件の記述をカテゴリーに分類した。

　その結果、カテゴリーは8つに分類された。【説明不足による誤解の誘発】33件、【理解されるという思い込み】20件、【当然待ってもらえるという思い込み】19件、【自分の世界と当てはまらないことの質問】13件、【言葉足らずによる誤解の誘発】12件、【心身状態の深浅を試みる言葉】9件、【業務優先させた思い込み】7件、【軽率な会話】2件となった（表5−9）。

第5章 介護労働者が考えるミスコミュニケーション

表5-8　発した言葉の内容記述有無

言葉の具体的内容の記述	人口最多自治体（市）n=224		人口最少自治体（町村）n=56	
	名	％	名	％
記述あり	124	55.4	25	44.6

出典：筆者作成

表5-9　発した言葉の内容分類

カテゴリー	件数
説明不足による誤解の誘発	33
理解されるという思い込み	20
当然待ってもらえるという思い込み	19
自分の世界と当てはまらないことの質問	13
言葉足らずによる誤解の誘発	12
心身状態の深浅を試みる言葉	9
業務優先させた思い込み	7
軽率な会話	2
合計	115

出典：筆者作成

表5-10　誤解して受け取られた言葉の具体的な内容

カテゴリー		誤解して受け取られた言葉の具体的内容の記述内容
説明不足による誤解の誘発	1	いいですよ、私がやってあげます。
	2	「また」「なんで」と言葉にしてしまった。
	3	明日の朝になったら家族が迎えに来ますよ。
	4	今はできないので○日に出勤した時に私がしておきますね。
	5	○○さん、薬は医務室で預かっておきますね。
	6	「○○さんのために良くなるように一生懸命やっているのに…」
	7	できません。
	8	他利用者さんが困ってしまいますよ。
	9	法人のマニュアルにて説明したが、相手側からすると「良い」「悪い」の判断がつかなかったと思う。
	10	少しは他の利用者もいるので、我慢してください。○○さんだけじゃないんです！
	11	納得してもらったと思い特に言葉をかけなかった。

9 実際に発した言葉の分類

カテゴリー	誤解して受け取られた言葉の具体的内容の記述内容
12	他の方が待っているから早く行きましょう。「早くしましょう。」笑顔で迎えてくださった方が、とても不穏な表情になってしまいました。自分の都合でせかしたせいで。
13	○○は県からの指導でできないことになりました。
14	食事の介助は職員の仕事なので、そのままお願いします。お手伝いの気持ちはありがとうございます。
15	自分の名前を名乗り何をするのか説明。
16	「高齢者の方は…」と全般、一般に向けての言葉を使ったつもりだったが「年寄扱いして」と言われた。
17	結果だけを伝えてしまったため。
18	利用者様への説明不足から起こったことなので。
19	何度か説明するが相手側がすぐ忘れてしまう。
20	「厚着をしていたら熱中症になりますよ」と話すと「あんたには分からんさ」と激怒。真夏にもかかわらず居室にはエアコンもつけさせず冬物のベストをパジャマの上に2枚も着られていたため。
21	在宅にてトイレに入っていたが交換することになり下着をとりに行く間に「動かないで」と言ってしまい説明の言葉がなかったので利用者が不機嫌になってしまった。
22	他利用者様の食事を取ろうとされていたので「糖尿病なので塩分制限があるので、他の方の残した食事は食べれませんよ」
23	他を紹介する。
24	「本日家族様にお話しする内容を事前に全て話しておきました。」
25	○○さんは病院ですぐ帰ってくるから安心してくださいね。病院でお薬もらって飲むだけだからね（他入居者様を病院に連れていくことを誘拐と思ったらしく暴力的になった）。
26	本人の間違えた妄想に対して（思い違い）について話をするがかえって理解してもらえなかった。
27	訪問時間をしっかり伝えなかった為利用者様が待ってくれ迷惑をかけてしまった。
28	生保であることを少し意識してください。
29	制度改正により介護利用料金が上がる事だけを伝えた。なぜ上がるのか、どのぐらい上がるのかをきちんと伝える努力を怠った。言葉が足らなかった。
30	「他の利用者様も何人かいるので気にしないでください」（主訴の病気についてもっと踏み込んでもらいたかった）。

第5章　介護労働者が考えるミスコミュニケーション

カテゴリー		誤解して受け取られた言葉の具体的内容の記述内容
	31	「売店（施設内）にこんなお菓子入りましたよ！そういえば〇〇〇の所にあるのおいしいですよね。あれ好きだけど買い物に行く機会がないから中々食べられないんですよね」と発言し、利用者の方が後日「行くときないのでしょう？よかったら食べて」と買って来られた。
	32	うちらはそれは（対応）できないよ。
	33	さきほどパット交換しましたよ。
理解されるという思い込み	1	散らかっているので一緒に片づけませんか。
	2	ご利用者様が実際にはトイレに行きたくないのに、トイレに行きますか？と聞き、ご利用者様が「はい」と答えて誤ってトイレに連れていってしまった。
	3	トイレに行きたいと訴えた利用者さんに対し「わかりました。一緒にトイレに行きましょう。」と言う私の返答の声のトーンが低く「怒っているのですか。」と怒っていると勘違いされてしまった。
	4	車椅子で行きましょう。
	5	そこをつかまって。
	6	生活全般において小さな事までこと細かく指示をされて、要チェック。話し方もしんどいので小さな声でたいぎそうに指示。栄養面でも考慮し手調理の声掛けにも応じない。細かな小言、指示に密室の暑さも加わり「〇〇さんひとりでできるんじゃないですか」と言ってしまったこと。
	7	後は自分でして下さいね。
	8	中履きを持参してください。
	9	扇風機は他の方が使用しているのでクーラーの下へ行ってください。
	10	手を洗いましょうとトイレ後、ハンドソープを手につけると「手を洗うのね。」と言って髪につけてしまった。
	11	帰宅願望の強い方に「散歩に行きましょうか？」を家に連れて帰ってくれると思われていた。
	12	部屋に行きましょう（「家に帰る」と反応があった）。
	13	臥床されていたのでそろそろお薬を飲まれる時間になりますよと声をかけた。
	14	早くしましょうか。
	15	寝ないんですか。
	16	「ご飯食べに行きませんか？」と夕食の声がけしたところ、「いつも行っているのに、行きませんかはおかしい。行きましょうではないか。」と憤慨された。
	17	眠そうな様子が見られたため、そろそろお部屋で休みますか？と声をかけながら「早く眠って、ってことですね！！」と怒らせてしまった。

9 実際に発した言葉の分類

カテゴリー		誤解して受け取られた言葉の具体的内容の記述内容
	18	できると思うので一緒にやってみましょう！
	19	今入浴場へ行くから大丈夫ですよ。
	20	無理しないでください。
当然待ってもらえるという思い込み	1	ちょっと待っててね。
	2	「家族が迎えに来ない」「家に帰って寝たい」と訴えた利用者様に「おうちの人は迎えにこないので今日はここで休んで行ってください」と伝えたが、次の日の朝には迎えがくると信じて待っていらっしゃった。
	3	もういいから待ってて！！
	4	その方がトイレに座りナースコールを押せないので、○○分後に来ますと声かけたが数分遅れていってしまった。
	5	少々お待ちください。
	6	少々お待ちください。今、自分で動けない方（オムツ交換時）の対応を行っていますので、ここ（ベッド上）でお待ちください。
	7	後でお願いします。
	8	待ってください、あとで話します。
	9	少しここで待っていてもらえますか？
	10	他の利用者さんもいるのでガマンして下さい。
	11	今は待ってね。
	12	ちょっと待ってください。
	13	少しお待ちください。
	14	少しお待ちください！！
	15	帰宅願望が強い方に対して何度も「今日はここにとまりです。」と話した。
	16	ちょっとお持ちください。
	17	「…をしてからまた来るので、それまでまっててください」
	18	ちょっと待っててください。
	19	「動かないで」
自分の世界と当てはまらないことの質問	1	どうしてそんな言い方をするんですか？と言った。
	2	お時間はありますか。
	3	席を移動されるんですか。
	4	どうしてわからないのですか？
	5	何がしたいのですか？
	6	どうしたいのですか？

第5章　介護労働者が考えるミスコミュニケーション

カテゴリー		誤解して受け取られた言葉の具体的内容の記述内容
	7	何度も食べていないという方に対して「朝食ですよ」何度も繰り返して言うので「今、食べた」と言いました。
	8	トイレがいつもより長く感じたので、いつもより遅かったので大丈夫やった？
	9	どうしました？
	10	どうしたの？大丈夫？
	11	どうされましたか？
	12	大丈夫ですか？
	13	どうしましたか？
言葉足らずによる誤解の誘発	1	真夏の日中に訪問し「今日は暑いですね」と声かけをして何事もなく会社に帰ると、会社に苦情が入っていた。ご本人は「クーラーもないんですか」と言われ気分がよくないと担当者替えをされた。
	2	こんなこと言うのはあなただけですよ。
	3	「大丈夫だから」　何度も繰り返し訴える方への返答。
	4	親しげに安易に敬意を払わず、友達言葉を使用してしまった。
	5	「心配しなくてよいですよ」と言った。「不安だから言うんだよ。」と話された。
	6	自分では言った覚えがないが「いつも物がないと言うね」と言ったらしい。
	7	大丈夫ですよ。
	8	ねぎらいの言葉「それは大変でしたね」等かけたが誤解されたようだ。
	9	「疲れたよー」
	10	忙しいのではと問われ「大丈夫忙しくないですよ」と答えた。
	11	～さん、～の事が心配なんですよね。
	12	認知症の方への説明、簡単な内容なので通じると考えたが通じなくて不穏にさせてしまった。
心身状態の深浅を試みる言葉	1	良く記憶されていませんが、「教えていただきありがとうございます。」といったものの不満がつのっていた。
	2	こんばんは。
	3	いかがですか（なんでそんなことを聞くのかとムッとされた）（お元気ですか、体調はいかがの意味）。
	4	「○○さんこんにちは。今日はどこかにお出かけですか？」
	5	ケアの時間が遅れて「すみません」
	6	すみません。
	7	あいさつ。

カテゴリー		誤解して受け取られた言葉の具体的内容の記述内容
	8	こんにちは、今いいですか？
	9	すみません。
業務優先させた思い込み	1	何度も同じことを言われ「わかったよ、何度も言わないでいいです」(夕食も終わり就寝の準備もありばたばたしていたので)。
	2	自己都合（業務都合）を押し付けた言葉。
	3	利用者本意ではない。
	4	耳の遠い独居宅でブレーカーが落ち電気が道路から遮断された。訪問提供時間間近でケアマネに連絡し対応を求めたが、独りで大丈夫との事。本人へあと1時間位で電力会社が来てくれる。「私は次の提供が入っていてどちらにしても2時間空けないといけないので、申し訳ないですが何とか待っていてください。」というと「何でこんな時に独りにするんだ」と怒られた。
	5	10年前の介護の慣れないときだったのですべてが足りなかったと今思いますが、当時は利用者に腹を立てました。別にかけた言葉はないですが、相手の様子をお待ちすることができていなかった。
	6	口調が荒かったのか、利用者様が不快に思ってしまったようです。
	7	「言葉」というより言葉の「トーン」だった。同じ言葉をかけるのにも相手のことを思いやる気持ちがかけていた。食事の誘導時間で忙しく気持ちに余裕がなかった。療養者様にはすぐ謝罪した。
軽率な会話	1	トゲのあるバラの花を利用者の方に対して「○○さんみたいですね」と言った。
	2	入浴の際足が寒いと言われ、冗談のつもりで「足が長いからはみ出してしまいましたねー」と言ったところ怒らせてしまった。

出典：筆者作成（アンケート自由記述原文のまま）

10　ミスコミュニケーションの発生背景

　介護労働者は、ミスコミュニケーションの発生を約4割が認識していた。本調査においては、その発生要因を介護労働者自身の「経験不足」と「判断不足」によるものとしていることが明らかとなった。発生要因とされた経験不足とは、利用者との関係性と捉えることができる。利用者との関係形成が十分になされていない段階であるがゆえに、自分の伝えた言葉が誤解されて正しく伝わらなかったものといえる。

第5章　介護労働者が考えるミスコミュニケーション

　岡本（2011）は、コミュニケーションを図るときには通常「送り手と受け手が共通にしていること」を手がかりに推論しながら展開していると述べている。この点から、話し手と聞き手の間では、共通していると思い込んだ状況を確認する作業を含みながら話を進展していくのであるが、共通していると思い込んでいる時点での内容は、往々にして誤解に変容してしまう可能性があり、誤解は思い込みに影響されることがわかる。

　このことを本調査に援用すれば、介護労働者と利用者間に繰り広げられる内面のコミュニケーションは、介護労働者が「利用者はこんなことを思っているだろう」ということを推測し、介護労働者から利用者へ言葉を発していく方法である。この時点で介護労働者の推測は当然思い込みであり、利用者が本当に介護労働者の推論と同じように思っているとは限らないのである。介護労働者が言葉を発した結果、利用者はその言葉を受け取り、自分の思っていることと比較し、利用者が自分の思っていることと違う場合には、介護労働者の意図したような内容で返答されないため介護労働者にとっては、利用者が誤解して受け止めたと感じることになる。あるいは、利用者は介護労働者の言葉を受けて「どういった意味なのか」や「相手は何を言いたいんだ」などと、利用者なりに介護労働者の言葉に対して推測をした結果、介護労働者に対して反応する。しかし、利用者の推論が介護労働者の意図したことと違っているにも関わらず、利用者は「自分の推論は合っている」と思い込んで反応したことが、結果として介護労働者にとっては「利用者に誤解して受け止められた」という気持ちが湧いてくることにもなる。

　介護労働者の「経験不足」は、利用者との間にどのように関係を形成するかといった、利用者の特性に応じた対応スキルに関する経験が不足していることなどがある。コミュニケーションにストライクゾーンがあるとすれば、利用者との関係形成が充分でない場合には、介護労働者の推測が利用者の思っていることとの誤差範囲が大きく、コミュニケーションのアウトゾーンに入ってしまう。利用者との関係性が構築されて

いくにつれて、その誤差範囲が小さくなり、コミュニケーションのストライクゾーンの範囲内でヒットが打てるようになることが、双方向の心地良いコミュニケーションが出来上がっていくことになる。つまり、介護労働者が利用者ごとにコミュニケーションのストライクゾーンを理解できれば、利用者とのミスコミュニケーションが少なくなることにつながるのである。「経験不足」が改善されれば、ミスコミュニケーションが発生しなくなり、利用者がどのような思いにあるのかを判断することに関してもミスが起きなくなることから、介護労働者がミスコミュニケーションの要因に挙げた「判断不足」という点も一気に解決できていくと思われる。

　「経験不足」と「判断不足」は、介護労働者にとっては表裏一体である。介護労働者が自分の思い込みに気付かず、自分の推測が正しいと判断してしまえば、利用者に受け入れられないミスコミュニケーションを誘発することになり、「判断不足」は「経験不足」が要因となっていることもある。

　岡本（2011b：21）が「対人関係はミス・コミュニケーションの問題とさまざまに関連しうる」とも述べるように、介護労働者の業務はコミュニケーションを基盤とする点からも、ミスコミュニケーションにつながりやすいといえる。したがって、介護労働者が発端となるミスコミュニケーションによって、利用者の不快を誘発させてしまうことの無いよう、「経験不足」と「判断不足」を克服するコミュニケーション能力習得は重要な課題といえる。

　本調査では、ミスコミュニケーションの発生経験に自治体差がみられた。人口最多自治体はいわゆる都市化した地域であり、一方人口最少自治体は地域住民の緊密なつながりを持つ地域特性を持っている。この点を対人関係形成と関連付けて検討すると、人口最多自治体は都市の希薄化した人間関係、人口最少自治体は何処の誰かがすぐわかるような濃密な人間関係を基盤とした人間関係であることから、人口最多自治体では「経験不足」と「判断不足」を因子としたミスコミュニケーションの発

生割合が高くなったものと考えられる。人口最少自治体は介護サービスを媒介させずとも日常から親しい関係性があり、「共通にしていること」がそもそも多い環境であるため、推測しやすい関係が生活年数とともに出来上がっているという強みがある。

　事業所別のミスコミュニケーションの発生状況では、人口最多自治体の「通所介護事業所」が全事業所中最も多く、半数以上がミスコミュニケーションの発生を体験している。通所介護事業所は、生活の場となる特別養護老人ホームや老人保健施設、グループホームと違い、時には自宅から30分以上も送迎車に揺られながら生活の場を離れて過ごす事業形態空間である。また、訪問介護事業所のように利用者の生活空間である居宅にヘルパーが来てくれるものでもないことから、介護労働者が自分と利用者が「共通にしていること」を見出す点に苦労していることが推察される。「共通にしていること」を見出すために、介護労働者が利用者に働きかけるコミュニケーション場面の確保についての課題もあると考える。通所介護事業所の定員規模が多ければ、それだけ利用者1人当たりと関わる職員の時間確保が難しくなることがあるだろうし、利用者によっては毎日通所介護事業所を利用しているわけでもなく、週1～3回の利用が一般的であることなどの業務特性が挙げられる。共に過ごす環境と時間数が影響を与えるとともに、人間関係形成のためには、事業形態の差異をも克服する介護労働者のコミュニケーション能力が重要なことであると再確認できる。

　ミスコミュニケーションを回避させる方法として、人間関係形成が十分になされることが挙げられる。

11　ミスコミュニケーションの発生状況

　本調査では、どの時間帯にミスコミュニケーションが発生しているのかを尋ねた。人口最多自治体と人口最少自治体との間に順位の違いはあったものの、「8時～11時」と「13時～16時」が他時間帯と比較して

も非常に多かった。経験上この時間帯は、職員の交代勤務時間帯やレク活動、入浴サービス等が行われる。利用者の活動量が増える時間帯であり、介護労働者と利用者との関わりが多くなる時間帯にもなる。関わりの時間が多くなることは、コミュニケーションの量も増えることになり、ミスコミュニケーションの発生確率も増える可能性がある。介護労働者から利用者への伝達すべき場面が増え、それらを利用者が適切に受け止めてくれることを介護労働者は期待するが、ミスコミュニケーションが発生してしまう結果となるのはなぜなのだろうか。

岡本による「適切に伝わらない場合の要因」（表5-2）と、ジョン・グリンダーとリチャード・バンドラーによる「コミュニケーションパターン」（表5-1）を参考に解釈すると、認知症や聴力低下等の疾病に起因する利用者の推論の問題、利用者は理解してくれるだろうという前提に立った介護労働者の伝達内容省略の問題といえる。このことから、介護労働者によるミスコミュニケーションの発生については、利用者の疾病を理由にすることはできないため、介護労働者自身がミスコミュニケーションの発生要因を理解し、ミスコミュニケーションに至らないようコミュニケーションを図る必要がある。佐藤（1969:76）は、「コミュニケーションは努力なくして果たされないのだ」と述べている。

12　ミスコミュニケーションがもたらすこと

ミスコミュニケーション回避には、介護労働者のコミュニケーション力が重要なポイントになることがわかった。そのためには、コミュニケーションは全てが伝わるものではないという前提を理解しなければ、コミュニケーションが介護労働者のストレスにつながるものと推察される。岡本（2011）はコミュニケーションの対象に抱く感情や関係によって、親しい関係の間のミスコミュニケーションにもつながっていくことも指摘しており、現状においてミスコミュニケーションが発生していない関係においても、ふとした事がきっかけとなりミスコミュニケーショ

ンが発生することもあり得ることを知っておく必要がある。きっかけがどのように起こるかは定かではなく、第三者との関係によるストレスが親しい関係の間に影響し、ミスコミュニケーションが発生する可能性も否定できない。

　ミスコミュニケーションによって、介護労働者の内面に「そういうつもりじゃないのに」「なんでわかってくれないのか」など、イライラや悲しみが起こることも不思議ではない。ミスコミュニケーションが頻発することは、介護労働者のイラつきや悲しみといった精神的健康に影響することが想定される。イラつきや悲しみを抱えた状態を介護労働者自らがコントロールできなくなり、その感情状態のまま利用者と関わることになる。感情コントロールできない状況の介護労働者が発する言葉には、イライラした感情が乗じられて利用者へ情報伝達され、メッセージの受け手である利用者が、言葉による暴力や不適切なケアといった介護労働者の態度に対して、自分を攻撃されたと誤解や推測することにより、介護労働者と利用者間のミスコミュニケーションが多発するという悪循環が起こるのである。

　本調査では、介護労働者がミスコミュニケーションと判断した115件の言葉を分析したが、これらの記述を見ると、私たちの日常生活におけるコミュニケーションに出現する内容が多く見られ、利用者を支援する場面において介護労働者がとっさに発する言葉や、非意図的な言葉が多く含まれている。利用者との関係性やその言葉がどのような状況下で発せられたのか等の前後関係について考慮した研究が今後必要である。

【参考文献】
井上千津子（2005）「介護を支える技術」『改訂新・セミナー介護福祉
　11　介護概論』ミネルヴァ書房
岡堂哲雄（1997）「人と人の結びつき—関係性と文脈」『看護と介護の人
　間関係　現代のエスプリ別冊』至文堂、pp.13-21
岡本真一郎（2011a）「ミス・コミュニケーションはどのように発生する

か―誤解の経験に関する調査―」愛知学院大学心身科学部紀要第7号 pp. 9 - 12

岡本真一郎（2011b）「ミス・コミュニケーション　なぜ生ずるか　どう防ぐか」ナカニシヤ出版

水野良也（1998）「介護における心理的援助」岡村民夫・久垣マサ子・奥田いさよ編『改訂版介護概論　理論と実践のためにミニマム・エッセンシャルズ』川島書店

吉田輝美（2014）「感情労働としての介護労働―介護サービス労働者の感情コントロール技術と精神的支援の方法」旬報社、p.125

大友芳恵（2003）「介護労働者に求められるコミュニケーション能力―A園の第三者委員会活動実績から―」『北海道医療大学看護福祉学部紀要』10号、pp.67 - 74

高原昭男（2008）「ヒューマンエラーを防ぐ職場づくり」工場管理第54巻第10号、pp.10 - 49

芳賀繁「違反とリスク行動の心理学」、三浦利章・原田悦子編著（2010）『事故と安全の心理学　リスクとヒューマンエラー』東京大学出版会 pp. 8 - 22

松尾太加志（2003）「コミュニケーションエラーを防ぐ」看護管理第13巻第10号、pp.789 - 803

ジョセフ・オコナー　ジョン・セイモア　訳橋本敦生（1994）「NLPのすすめ　優れた生き方へ道を開く新しい心理学」チーム医療

佐藤三郎編著（1969）「人間関係の教授法」明治図書

（公財）介護労働安定センター「平成26年度「介護労働実態調査」の結果」平成27年8月7日資料

http://www.kaigo-center.or.jp/report/pdf/h26_chousa_kekka.pdf （2015.9.30）

第6章
介護労働者による「不適切なケア」の認識

　介護労働者による高齢者虐待が起こる背景には、施設の職員配置基準が影響している（李：2002）ことや、厚生労働省発表による虐待の発生要因として最も多いものに「教育・知識・介護技術等に関する問題」が挙げられている。これらに呼応するように、介護労働者が学ぶ高齢者虐待に関する教材の開発などもなされている。介護労働者による顕在化した高齢者虐待は、氷山の一角のようにごく僅かであり、表面化しない虐待や不適切なケアがあるとするのが一般的な考え方になっている。
　このような現状にありながら、介護労働者は不適切なケアを具体的にどのようなものと認識しているのか、本章ではその実態を明らかにしていくことを目的とする。

1　高齢者虐待と不適切なケアの関係

　リチャード・J・ボニー、ロバート・B・ウォレス編著、多々良紀夫監訳（2008）『高齢者虐待の研究　虐待、ネグレクト、搾取、究明のための指針と課題』では、「不適切な扱い」という表現が散見されるが、その不適切な扱いの具体的内容については書かれていない。
　柴尾（2008）は、施設内の「不適切ケア」の連続線上に高齢者虐待が発生していることを、わが国でいち早く指摘した。「顕在化した虐待」と「潜在的虐待」という表現を用い、潜在化した虐待についてグレーゾーンとしている（図6-1）。

1 高齢者虐待と不適切なケアの関係

図6-1　柴尾による虐待概念図

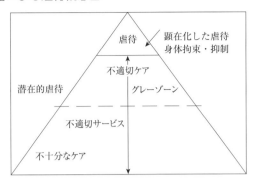

出典：柴尾（2008：1326）虐待概念図

　認知症介護研究・仙台研修センター（2009：13）の学習テキストでは、柴尾の虐待概念図をもとに、顕在化した虐待と表面化していない意図的な虐待、結果的に虐待を行ったことになる非意図的虐待以外は、「不適切なケア」としている。虐待とは言い切れない行為であるが「不適切なケア」があり、それらをグレーゾーンと位置付け、明確な線引きはでき

図6-2　「不適切なケア」を底辺とする「高齢者虐待」の概念図

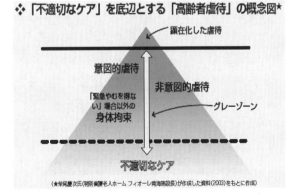

出典：認知症介護研究・研修仙台センター（2009：13）「施設・事業所における高齢者虐待防止学習テキスト」より

ないものだという捉え方をしている。さらに、虐待のもとになるものが不適切なケアであり、その不適切なケアを「虐待の芽」と呼び、不適切なケアの段階で適切に対処することが、虐待の芽を摘むことになり、高齢者虐待が防げるとしている。

山田（2013：31）は、「虐待」や「不適切ケア」の職員による捉え方の違いから起こる、解釈の仕方に課題があるとしている。その背景には、高齢者虐待防止法の定義の簡潔さゆえ、現場レベルの判断の難しさ、職員ごとに違う解釈を施設方針として統一する難しさや指導の困難さがあると指摘している。

2　不適切なケア調査

ここでの調査対象者は第2章と同じであり、調査項目ごとに単純集計を行った。不適切なケアという言葉に対する認知度と、不適切なケアの内容と考える具体的例を記述してもらった。その自由記述については、介護労働者が日常において捉えている不適切なケアの内容としてカテゴリーに分類した。

3　「不適切なケア」言葉の認識度

不適切なケアという言葉を知っているか質問したところ、人口最多自治体の対象者の311名（74.8％）、人口最少自治体の対象者では98名（70.0％）が、「不適切なケア」という言葉を認識していると回答した。

さらに、不適切なケアという言葉を知っていると回答した対象者に限定し、不適切なケアにはどのようなものがあるか具体的に記述を求めたところ、人口最多自治体の対象者の311名中304名（97.7％）から、人口最少自治体の対象者98名中91名（92.9％）から記述を得ることができた（表6-1）。

表6−1 「不適切なケア」言葉の認知度

項目		人口最多自治体（市）n=463		人口最少自治体（町村）n=163	
		名	%	名	%
不適切なケア	言葉を知っている	311	74.8	98	70.0
	言葉を知らない	105	25.2	42	30.0
言葉を知っている回答者	自由記述あり	304	97.7	91	92.9

出典：筆者作成

4 「不適切なケア」の内容に関する自由記述

　介護労働者が考える不適切なケアにはどのようなものがあるか、表6−1で記述された具体的な内容を分析した。自由記述は、回答者1名が複数の内容を記載するケースが多く、分析の際には、可能な限り一文一義に即してデータ化した。その結果、1,570件の記述があった。その後、内容を類似するものでカテゴリーを作成し、これらをサブカテゴリー＜　＞で分類したところ、109のサブカテゴリーに分類された。さらに、サブカテゴリーごとに類似する内容を12のカテゴリーに分類し、どのカテゴリーにも分類の難しかったもの43件（2.7％）は、＜その他＞とした。

　自由記述内容から、「虐待」と記述されたものは20件（1.3％）あった。これはそのまま、サブカテゴリーとカテゴリーの名称を【虐待】として分類した。同様に、「身体的虐待」「介護・世話の放棄・放任」「心理的虐待」「性的虐待」「経済的虐待」と記述されたものは、そのままサブカテゴリーの名称とし、カテゴリーを【高齢者虐待防止法定義の虐待】32件（2.1％）とした。この【虐待】と【高齢者虐待防止法定義の虐待】の2つのカテゴリーは、不適切なケアというものはなく、明らかに虐待と判断されるものである。これら合計52件の記述は、虐待と不適切なケアの区別が曖昧になっていることを象徴しているものと推察できる。

　虐待に当たるカテゴリー以外を分析すると、記述内容全ての項目の中

で最も多かったものは、＜不適切な言葉遣い・声かけ＞136件（8.7％）であった。次いで、＜介護者側の都合・ペースや業務を優先した介護対応＞113件（7.2％）、＜利用者に合わない介護対応（要望や意向に沿わない）＞96件（6.1％）が上位3つであり、これらは、不適切なケアの内容のカテゴリーでは、【介護対応について】の988件（62.9％）に含まれた。【介護対応について】のサブカテゴリーは、最も多く45件挙げられた。

　【利用者の心理・精神面への行為】は160件（10.2％）で、7つのサブカテゴリーに分類された。【利用者の身体への行為】100件（6.2％）は6つのサブカテゴリー、【排泄介助について】は98件（6.2％）で9つのサブカテゴリーに、【食事介助について】は83件（5.3％）で9つのサブカテゴリー、【入浴介助について】は58件（3.7％）で9つのサブカテゴリーに、【利用者へ対応しない行為】57件（3.6％）は9つのカテゴリー、【職員について】26件（1.7％）は6つのサブカテゴリー、【利用者へのハラスメント行為】4件（0.3％）は1つのサブカテゴリー、【金銭管理支援上の行為】1件（0.1％）も1つのサブカテゴリーとなった（表6-2）。

5　「不適切なケア」に至る原因

　不適切なケアが現場で発生する原因について、複数選択可能とし18の選択肢から選んでもらった。結果、合計で2,182個が選択された。最も多かったのは、人口最多自治体の対象者、人口最少自治体の対象者ともに「人手が足りない」であった。次いで、人口最多自治体の対象者は「精神的にきつい」「身体的負担が大きい（腰痛や体力に不安がある）」となった。人口最少自治体の対象者は「身体的負担が大きい（腰痛や体力に不安がある）」「精神的にきつい」であり、2番目と3番目は順位の違いはあるものの、挙げられた項目は同じである。さらに、上位4番目から6番目までの項目についても両対象者の順位が同じで、「仕事内容のわりに賃金が低い」「休憩が取りにくい」「夜間や深夜帯に何か起きるのではないかと不安がある」となった。

5 「不適切なケア」に至る原因

表6−2 「不適切なケア」の内容に関する自由記述分類

カテゴリー	サブカテゴリー	回答数	％
虐待　20件	虐待	20	1.3
高齢者虐待防止法定義の虐待 32件	介護・世話の放棄・放任（ネグレクト）	14	0.9
	身体的虐待	7	0.4
	心理的（精神的）虐待	4	0.3
	経済的虐待	4	0.3
	性的虐待	3	0.2
介護対応について 988件	不適切な言葉遣い・声かけ	136	8.7
	介護者側の都合・ペースや業務を優先した介護対応（利用者のペースの無視）	113	7.2
	利用者に合わない介護対応（要望や意向に沿わない）	96	6.1
	強引・無理強い	91	5.8
	プライバシー・羞恥心への配慮	56	3.6
	意思確認や説明が無い介護対応	53	3.4
	対応を後回しにする・待たせる	48	3.1
	過剰な介護・サービス	46	2.9
	人権や尊厳を無視した介護対応・ケア	40	2.5
	介護者主体・一方的な介護対応（自己満足・押し付け）	33	2.1
	利用者の立場を考慮しない対応・無関心	31	2.0
	不適切な態度・行動	22	1.4
	自立支援の無い介護対応	18	1.1
	介護の技術不足	15	1.0
	不衛生な介護対応（環境）	14	0.9
	利用者を急かす・時間短縮	13	0.8
	会話について	13	0.8
	利用者が不快と感じる介護対応	13	0.8
	車椅子などに長時間座らせたままの放置（同じ体位の維持）	12	0.8
	コミュニケーション・意思疎通の不足	11	0.7
	利用者のやりたいことを制限する	10	0.6
	プランを無視したケア	9	0.6
	安全・安楽への配慮が足りない	8	0.5

第6章 介護労働者による「不適切なケア」の認識

カテゴリー	サブカテゴリー	回答数	%
介護対応について 988件	機械的な介護対応・流れ作業	8	0.5
	わかりにくい説明	7	0.4
	同性介助について	7	0.4
	病気や疾患に対する知識不足	7	0.4
	適当な対応	7	0.4
	乱暴な言動	7	0.4
	利用者を否定する・意見を言わせない	7	0.4
	介助や対応に余裕が無い	6	0.4
	見てみぬふりをする	5	0.3
	時間で区切るような介護対応	5	0.3
	時間に余裕が無い介護対応	5	0.3
	不適切な人数での介護対応	5	0.3
	ケアやサービスが統一されていない	5	0.3
	状態の悪化（褥瘡の発生）	4	0.3
	精神的な負担・苦痛	4	0.3
	利用者の体調や状態を理解していない	4	0.3
	環境が整っていない（楽しみがない）	4	0.3
	ナースコールの対応が遅い	3	0.2
	個別に合った対応をしない	3	0.2
	不適切な服薬	2	0.1
	利用者や介護者の負担のかかるケア・サービス	2	0.1
	サービスの質の低さ	2	0.1
利用者の 心理・精神面への行為 160件	話や訴えを無視をする	58	3.7
	暴言・傷つける言葉	44	2.8
	精神的な拘束	22	1.4
	子ども扱いをする	14	0.9
	精神的苦痛を与える	8	0.5
	威圧的な対応	7	0.4
	嫌がらせ・不快な対応	7	0.4
利用者の身体への行為 100件	身体拘束・抑制	43	2.7
	暴力・体罰	21	1.3
	行動制限	18	1.1

5 「不適切なケア」に至る原因

カテゴリー	サブカテゴリー	回答数	%
利用者の身体への行為 100件	ベッドや車椅子への拘束・抑制	10	0.6
	身体的苦痛を与える	5	0.3
	室内に閉じ込める	3	0.2
排泄介助について 98件	排泄介助のプライバシーへの配慮	44	2.8
	排泄介助の対応について	13	0.8
	排泄介助の回数について（少ない・定時のみの対応）	11	0.7
	介助者側の都合での排泄介助（意思の確認をしない）	9	0.6
	その他（排泄介助）	7	0.4
	安易なオムツの使用	5	0.3
	排泄パターンを把握していない	4	0.3
	必要以上の介助	3	0.2
	排泄介助の消臭が不十分	2	0.1
食事介助について 83件	介助者側の都合・ペースでの食事介助	39	2.5
	食事の強要（食欲を無視する）	14	0.9
	食事中に空いた食器を片付ける	7	0.4
	その他（食事介助）	6	0.4
	冷たい食事の提供・温め直さない	4	0.3
	立ったままで食事介助を行う	4	0.3
	利用者の訴えを無視する	4	0.3
	メニューの説明が無い	3	0.2
	食事介助の対応について	2	0.1
入浴介助について 58件	入浴介助のプライバシーへの配慮	13	0.8
	介助者側の都合・ペースでの入浴介助	12	0.8
	無理に入浴をさせる・しつこい説得	10	0.6
	入浴の回数や時間帯が希望に沿わない	9	0.6
	入浴介助の対応について	6	0.4
	入浴時の同性介助が行えていない	2	0.1
	入浴回数が少ない	2	0.1
	必要以上の介助	2	0.1
	その他（入浴介助）	2	0.1

第6章　介護労働者による「不適切なケア」の認識

カテゴリー	サブカテゴリー	回答数	%
利用者へ対応しない行為 57件	放置する（報告を怠る）	16	1.0
	清潔維持を怠る・不衛生	11	0.7
	失禁・排泄の放置（オムツ交換をしないなど）	10	0.6
	コールを無視する	5	0.3
	介助放棄（ネグレクト）	4	0.3
	コールを取り上げる	4	0.3
	入浴をさせない	3	0.2
	食事を与えない	2	0.1
	劣悪な環境で放置する	2	0.1
職員について 26件	職員間の私語や雑談	8	0.5
	疲れやストレスが出てしまう	5	0.3
	職員同士の人間関係・性格	4	0.3
	人手不足	3	0.2
	業務に追われる・忙しい	3	0.2
	連絡・報告を怠る	3	0.2
利用者へのハラスメント行為　4件	セクシャルハラスメント	4	0.3
金銭管理支援上の行為 1件	金銭の使用	2	0.1
	その他	43	2.7

　人口最多自治体の対象者と人口最少自治体の対象者の間に大きく差が開いた項目は、順に「業務に対する社会的評価が低い」「労働時間が長い」「福祉機器の不足、機器操作の不慣れ、施設の構造に不安がある」となった（表6－3）。

6　「不適切なケア」を少なくするために必要な研修

　不適切なケアを少なくするために必要だとする研修について、13の選択肢から選んでもらった。複数選択可能とした結果、合計で2,677個が選択された。人口最多自治体の対象者と人口最少自治体の対象者におい

6 「不適切なケア」を少なくするために必要な研修

表6-3 「不適切なケア」に至る原因

「不適切なケア」に至る原因	人口最多自治体（市） n=1732		人口最少自治体（町村） n=659	
	名	%	名	%
雇用が不安定である	51	2.9	19	2.9
正規職員になれない	29	1.7	11	1.7
人手が足りない	278	16.1	97	14.7
仕事内容のわりに賃金が低い	187	10.8	67	10.2
労働時間が不規則である	75	4.3	40	6.1
労働時間が長い	77	4.4	19	2.9
不払い残業がある・多い	60	3.5	20	3.0
休憩が取りにくい	110	6.4	43	6.5
有給休暇が取りにくい	88	5.1	28	4.2
夜間や深夜帯に何か起きるのではないかと不安がある	97	5.6	41	6.2
職務として行う医的な行為に不安がある	46	2.7	18	2.7
身体的負担が大きい（腰痛や体力に不安がある）	205	11.8	76	11.6
精神的にきつい	210	12.1	72	10.9
健康面（感染症、怪我）の不安がある	55	3.2	23	3.5
業務に対する社会的評価が低い	11	0.6	27	4.1
仕事中のけがなどへの補償がない	21	1.2	11	1.7
福祉機器の不足、機器操作の不慣れ、施設の構造に不安がある	59	3.4	29	4.4
その他	73	4.2	18	2.7

出典：筆者作成

て、最も必要と挙げられたのは「認知症の理解」であった。次いで「介護における尊厳の理解」となった。

　人口最多自治体の対象者と人口最少自治体の対象者の間に大きく差が開いた項目は、「コミュニケーション技術」で、次が「介護職員倫理」であった（表6-4）。

第6章　介護労働者による「不適切なケア」の認識

表6－4　「不適切なケア」を少なくするために必要な研修

「不適切なケア」を少なくするために必要な研修	人口最多自治体（市） n＝1816		人口最少自治体（町村） n=633	
	名	％	名	％
介護における尊厳の理解	299	16.5	103	16.3
制度及びサービスの理解	130	7.2	42	6.6
疾病の理解	173	9.5	62	9.8
認知症の理解	325	17.9	104	16.4
介護技術	204	11.2	73	11.5
コミュニケーション技術	57	3.1	62	9.8
家事援助技術	35	1.9	8	1.2
他職種との連携	134	7.4	53	8.4
アセスメント	120	6.6	39	6.2
ソーシャルワーク技術	48	2.6	15	2.4
介護計画立案	58	3.2	15	2.4
介護職員倫理	208	11.5	53	8.4
その他	25	1.4	4	0.6

出典：筆者作成

7　不適切なケアの具体的事象

　不適切なケアは実際の現場でどのように捉えられているのか、その実態を探るための設問であったが、本調査結果から「虐待」と記述された20件（1.3％）や高齢者虐待防止法の中でいわれる虐待と定義されている「身体的虐待」「心理的虐待」「経済的虐待」「性的虐待」「介護・世話の放棄・放任（ネグレクト）」の5項目をそのまま記述された32件（2.1％）と合わせると、計52件（3.4％）が「不適切なケア」であるとして記述された点も見逃すことができない。

　柴尾（2008）は、「不適切ケア」の連続線上に起きるのが高齢者虐待であると述べ、その「不適切ケア」は「潜在的虐待」という表現により、虐待を広範囲で捉えている。その範囲は運営管理や制度設計にまで及び、

「一施設のみでは解決困難」と論じられるほどに広義である。柴尾の考え方を採択すれば、本調査の問いである不適切なケアとは何かということに対し、調査結果のような虐待の定義項目が出現することも理解できなくはない。また、認知症介護研究・研修仙台センター（2009）による概念図においても、「不適切なケア」と虐待は明確に線引きできるものではないとしている点からも理解できなくもない。しかし、高齢者虐待防止法の視点から考えれば、虐待の定義項目に該当する事態は「虐待」として判断されるものであり、「虐待」と判断できない内容の「不適切なケア」とは切り離して考えるべきである。

誰しもが「虐待」として客観的に捉えることのできる事象を介護現場にはっきりと明示しなければ、虐待行為が介護労働者の個々の判断によって「不適切なケア」の範疇と判断される可能性もある。その結果、虐待行為が長期化及び蔓延化してしまうことが懸念される。時に「不適切なケア」が介護労働者にとって都合良く使われる言葉になってはいけないし、虐待の芽として早期に摘み取るべき行為が不適切なケアであるのであれば、やはり不適切なケアは何を指すのかについて、完全なものではなくとも可能な限り具体的な事象を介護労働者へ提示する必要があると考える。その点においては、本調査から不適切なケアとして介護労働者が考える行為を、102のサブカテゴリーとして具体的事象を浮かび上がらせることができた。これらは、この行為を放っておくと虐待行為に行きつく可能性の高いものとして、介護労働者自らが自己を点検し、同僚や部下を点検し、組織全体を点検しやすくすると考えることができる。

さらに、具体的な不適切なケアを示すことは、介護労働者が抱える虐待への不安を解消することにもつながると考える。介護労働者の中には忙殺される業務にあっても、本調査結果の不適切なケアに位置付けられた事象をもって「自分のやっていることは虐待ではないだろうか」と迷い、不安に駆られていることもある。このような場合、虐待ではないと理解できることが、どれほど介護労働者を安堵させることになるだろう

か。一方で、その事象は虐待ではなく不適切なケアだから大丈夫だと捉えることを慎み、不適切なケア行為自体を変えていかなければならない。変えていくためにも、個人解釈する余地の多い不明瞭で包含したような曖昧さを見直し、不適切なケアとは何かを明確に列挙することから始め、その行為を無くしていく意識と実践が重要なのである。

8 不適切なケアの背景

　不適切なケアが発生するには、当然ながら何がしかの要因がある。本調査では、介護労働者がどのようなことを不適切なケアの要因として捉えているかを探った。その結果、人口最多自治体の対象者と人口最少自治体の対象者ともに上位6つを占めた項目は同一であった。そこから、以下のストーリーが見出された。介護現場は、常時「人手が足りない」状況にあり、業務中の「休憩が取りにくい」状態となり、「身体的負担が大きい」と感じることのみならず、「精神的にきつい」状態となる。交代勤務で働く介護労働者の場合には、それらをことさらに悪い状態にしていく「夜間や深夜帯に何か起きるのではないかと不安がある」ことを感じさせ、結果「精神的にきつい」状態にさせ、こんな状態になるからこそ「仕事のわりに賃金が低い」ことを痛感してしまうという悪循環のスパイラルに嵌っていると考えることができる。悪循環のスパイラルが起きてしまうと、たちまち不適切なケアが派生し、最悪の場合には虐待が発生するものと推測できる。

　一方、下位項目で人口最多自治体の対象者と人口最少自治体の対象者に共通する傾向として、「職務として行う医的な行為に不安がある」「正規職員になれない」「仕事中の怪我などへの補償がない」が挙げられた。人手不足が常態化している介護現場では、「正規職員になれない」状況を改善して正職員として人員を確保し、さらに「仕事中の怪我などへの補償がない」という事態の回避を図り、業務中の事故に対する補償により雇用継続し職員を確保するという経営スタイルが行われているものと

推察される。また、近年の施設等においては、終末ケアへの対応として介護報酬上の加算が実施されている点からも、職員への医行為研修体制の充実が図られているため、「職務として行う医的な行為に不安がある」と感じる介護労働者が少ないものと考えられる。

　人口最多自治体の対象者の中位項目として特徴的なのは、「有給休暇が取りにくい」「労働時間が長い」「労働時間が不規則である」「不払い残業がある」というように、介護労働者個々の問題というより、雇用者側の勤務条件に関する項目が並んだことである。人口最多自治体の対象者が不適切なケアに至る原因として、労働者と雇用者の契約関係が影響を与える一つであると考えられる。さらに、人口最多自治体の対象者は「業務に対する社会的評価が低い」という項目が、不適切なケアに至る原因として最下位であることも特徴的である。つまり、人口最多自治体の対象者は、不適切なケアに至る原因として「業務に対する社会的評価が低い」こととの関連を強く感じていないといえる。

　人口最少自治体の対象者において、不適切なケアに至る原因は「業務に対する社会的評価が低い」が全体の中位であった。このことは、町や村に存在する介護業務に対するイメージが、旧来のままの社会的評価が低い状態に置かれている可能性も考えられる。あるいは、その地域ならではの文化が存在している中での、介護労働者が感じる評価であるとも推測できる。

9　研修の必要性

　高齢者虐待防止法第20条では、介護労働者に対する研修の実施が法的に謳われている。本調査では、不適切なケアを少なくするためには、介護労働者が何の研修を必要としているかを設問としたところ、「認知症の理解」「介護における尊厳の理解」が人口最多自治体の対象者と人口最少自治体の対象者ともに最も多かった。高齢者虐待の被害者のほとんどは認知症高齢者であることを鑑みても、介護労働者自身が現状以上に

第6章　介護労働者による「不適切なケア」の認識

「認知症の理解」ができる研修を望んでいるといえる。認知症高齢者は、対応に苦慮する心理行動症状を呈することが多く、それらの背景を理解し適切な対応ができるようになることは、「介護における尊厳の理解」にも通ずることでもある。尊厳ある介護とはよく言われることであるが、尊厳とは何かを明確に言い当て具現化する介護実践は、実は非常に難しいことであると考える。そのような中にあっても介護労働者は、その難しさと真摯に向き合おうとしていることが、本調査結果から推察できる。

　人口最多自治体の対象者と人口最少自治体の対象者の順位に大きな開きがあった項目は、「コミュニケーション技術」であった。人口最多自治体の対象者は必要性が低位であったが、人口最少自治体の対象者は5位に位置した。町や村の親和性は、親しき仲にも礼儀ありの意味とも窺え、親しすぎて逆にコミュニケーションが難しく感じられるとも考えることができる。また、「介護職員倫理」も開きがあった点では、「コミュニケーション技術」に対する介護労働者の価値観を窺い知ることができる項目である。町や村が集団の親和性を基盤とした職員と利用者の関係性、お互い言わずと知れた仲の暗黙の関係性がある中では、「介護職員倫理」としての研修ニーズは高くはないが、反面、都市化した市部では、「介護職員倫理」は「認知症の理解」「介護における尊厳の理解」に次ぐもので、介護業務における普遍的基準を重視する傾向にあるといえるのではないだろうか。

10 今後求められること

　本調査において、不適切なケアとは何かという定義付けに至ることはできなかった。定義付けることが善か非かという議論もあるが、可能な限り介護労働者個人の判断に委ねられる範囲を少なくしなければ、介護労働者が介護サービス行為を萎縮させてしまう結果となると考える。高齢者虐待や不適切なケアを起こさないために、ケアプランに位置付けられたことのみの介護サービスの提供に留まり、最低限のサービス提供、

つまり「言われたこと以外はやらない」という状況に、介護労働者を追い込むことを避けたいという一念である。介護労働者が自ら学ぶことを放棄し、介護行為の萎縮を起こしてはならない。

　日常の介護行為において介護労働者が、虐待の芽となる不適切なケアが何であるのかを意識していくことにより、介護現場から不適切なケアを無くしていくことが可能となるはずである。

　さらに、不適切なケアに該当するものとして「虐待」と記載されたり、高齢者虐待防止法において使用されている虐待分類の名称をそのまま記載されたりしたことは、正しくもあり間違いでもあるという、筆者自身の確固とした立場表明ができないことも非常な苦しさとジレンマを感じている。介護現場で個々の見解の違いは何によってもたらされるのか、これらは研修などを総点検しなければならず、非常に困難な作業が伴うことが予測されると感じている。

【参考文献】

柴尾慶次（2008）「施設内における高齢者虐待の実態と対応」老年精神医学雑誌第19巻第12号、pp.1325－1332

柴尾慶次（2012）「不適切ケアの放置が虐待につながる」『ふれあいケア』全国社会福祉協議会、pp.10－20

リチャード・J・ボニー、ロバート・B・ウォレス編　多々良紀夫監訳（2008）「高齢者虐待の研究　虐待、ネグレクト、搾取、究明のための指針と課題」明石書店

山田裕子（2013）「介護労働者による高齢者虐待防止の課題～神奈川県における取組み～」『地域ケアリング』北陸館Vol.15.No.6.pp.20－33

吉田輝美（2013）「介護労働者による高齢者虐待の状況公表の現状と課題」『福祉研究』No.107、pp.43－49

李相済（2002）「社会福祉施設における高齢者虐待についての一考察―職員配置基準に焦点をあてつつ―」『立命館産業社会論集』第37巻第4号、pp.221－239

第6章　介護労働者による「不適切なケア」の認識

【資料】

厚生労働省：「平成25年度　高齢者虐待の防止、高齢者の養護者に対する支援等に関する法律に基づく対応状況等に関する調査結果」平成27年2月6日老健局高齢者支援課認知症・虐待防止対策推進室発表
http://www.mhlw.go.jp/stf/houdou/0000072782.html

認知症介護研究・研修仙台センター（2009）「介護現場のための高齢者虐待防止教育システム　施設・事業所における高齢者虐待防止学習テキスト」認知症介護研究・研修仙台センター、p.13

第7章
介護労働者が考える高齢者虐待の要因と再発防止とは

　本章では、厚生労働省が平成24（2012）年度以降公表している「高齢者虐待の状況の公表」から、高齢者虐待の発生要因に関して介護労働者の視点で論じていきたい。

　これまでの介護労働者による高齢者虐待判断件数は、増加の一途にあるという何とも嘆かわしい状況にある。山田（2013）が、通報制度は施設内虐待において有効に機能していないと指摘しているように、厚生労働省資料においても、介護労働者による高齢者虐待は、顕在化しない高齢者虐待が相当数あることを指摘している。

　高齢者虐待防止法が施行されて相当な時間が経過したにも関わらず、なぜ専門職集団である介護労働者による高齢者虐待が減少しないのか、そして無くならないのかという疑問が持たれる。そこで、本章では、介護労働者における高齢者虐待のみを対象とし、介護労働者が捉える高齢者虐待発生要因とは何か、更には高齢者虐待を再発させないために必要なことを、介護労働者はどのように捉えているのかを明らかにしたい。

1 介護労働者による高齢者虐待の現状

　高齢者虐待防止法第25条の公表に関して第１章で整理した結果、公表の目的や効果について疑問が残ったのも事実である。その後の厚生労働省では、平成24（2012）年度の都道府県ごとの高齢者虐待の状況の公表において、調査項目を追加していることは前章までにも述べてきた。項目追加の意図としては、より詳細に介護労働者による高齢者虐待を分析できるようにとされている。したがって、平成24（2012）年度の厚生労働省の「養介護施設従事者等による高齢者虐待の状況調査報告」は、過

第7章　介護労働者が考える高齢者虐待の要因と再発防止とは

年度より踏み込んだ内容となっている。ここでは、その中における特に虐待の発生要因について着目していくことにする。

　虐待発生要因は厚生労働省が毎年トップの項目として公表しているように「教育・知識・介護技術等に関する問題」なのであろうか。本当に、発生要因トップとして公表されているこのことを、介護労働者は素直に受け入れているのであろうか。もし筆者が介護労働者の立場ならば、自分の「教育・知識・介護技術等」が未熟だと行政に言われているような気がしてならなく、憤懣やる方ないのである。それにもまして、「教育・知識・介護技術等」を身に付けさせようと研修漬けにされる苦痛しか頭に浮かんでこない。何故に、介護労働者は「教育・知識・介護技術等に関する問題」が、虐待の主たる要因であると、自分たちの業務から捉えられてしまったのだろうか、理解しかねるものと考える。

　反面、本調査は虐待をした介護労働者を対象としたものではない。したがって、厚生労働省が公表しているカテゴリーを用い、調査対象者が介護現場の高齢者虐待の発生要因をどのように選択するかを調査したものである。その点から、実際の虐待内容を介護労働者が判断しカテゴリー選択したものではないが、虐待の発生要因をどのように認識するのか、虐待防止に必要なことをどのように意識しているのかを探ることは可能だと考える。

2 介護労働者が捉える虐待発生要因調査

　本調査は、第2章において全国の人口最多自治体の調査対象者と人口最少自治体の調査対象者に実施したものである。厚生労働省が高齢者虐待の発生要因とした6つの項目（第3章参照）を調査対象者に提示した場合、介護現場で起こっている高齢者虐待の発生要因をどの項目として捉えるかを探ってみた。なお、厚生労働省で公表している項目を筆者が一部修正して選択肢とした。具体的には、「教育・知識・介護技術等に関する問題」について、知識と技術を別物という取扱いをした。知識は

本などから学ぶことができるものであるが、技術は本を読んだだけではできるものではなく、身に付けるものであるという観点からである。また、「虐待を助長する組織風土や職員の関係性の悪さ」についても分離し、「虐待を助長する組織風土」と「職員間の関係性の悪さ」に分離した選択肢項目にした。「虐待を助長する組織風土」とは、上意下達のトップダウン、つまり介護現場においては理事長や施設長の指示命令が徹底されるような組織であれば、下の者は反論などできない組織風土にあるものといえる。したがって、同僚やチームとしての人間関係とは一線を引くものであるという考え方により、「職員間の関係性の悪さ」を独立した項目にした。質問項目には選択肢を用意し複数選択可能とし単純集計し、選択肢の中で「その他」の項目を選び自由記述されたものについては、類似内容ごとにカテゴリー化した。

3 自治体別による高齢者虐待発生要因の傾向

　高齢者虐待発生要因の選択肢項目の順位については、人口最多自治体と人口最少自治体ともに同じであった。最も高かったのは、「職員のストレスや感情コントロールの問題」であった。次に「人員不足や人員配置の問題による多忙さ」であった。3番目は「虐待を行った職員の性格や資質の問題」、以降「倫理観や理念の欠如」「教育や知識に関する問題」「職員間の関係性の悪さ」「介護技術等に関する問題」「虐待を助長する組織風土」となった（表7-1）。

4 状況の公表認知と高齢者虐待発生要因の傾向

　高齢者虐待防止法に基づく高齢者虐待の状況の公表について知っているか否かと、高齢者虐待発生要因の選択肢項目で最も高かったのは、知っている群と知らない群ともに「職員のストレスや感情コントロールの問題」であった。上位から2番目も共通し、「人員不足や人員配置の問題

第7章　介護労働者が考える高齢者虐待の要因と再発防止とは

表7－1　自治体別高齢者虐待発生要因

介護労働者による 高齢者虐待発生要因（複数選択可）	人口最多自治体（市） n＝463		人口最少自治体 （町村）n＝160	
	名	％	名	％
教育や知識に関する問題	179	38.7	49	30.6
介護技術等に関する問題	96	20.7	36	22.5
倫理観や理念の欠如	238	51.4	69	43.1
職員のストレスや感情コントロールの問題	387	83.6	134	83.8
人員不足や人員配置の問題による多忙さ	309	66.7	105	65.6
虐待を助長する組織風土	78	16.8	33	20.6
職員間の関係性の悪さ	105	22.7	45	28.1
虐待を行った職員の性格や資質の問題	257	55.5	94	58.8
その他	17	3.7	3	1.9

出典：筆者作成

による多忙さ」であった。上位3番目は、知っている群が「倫理観や理念の欠如」で、知らない群は「虐待を行った職員の性格や資質の問題」であった。

　最下位項目は、知っている群と知らない群ともに「虐待を助長する組織風土」が共通していた。知っている群では、「職員間の関係性の悪さ」も最下位同率であった。次いで、知っている群と知らない群ともに「介護技術等に関する問題」となった（表7－2）。

5　事業所別高齢者虐待発生要因の傾向

　事業所別に分析したところ、高齢者虐待発生要因の選択肢項目で最も高かったのは、全事業所で「職員のストレスや感情コントロールの問題」であった。次に上位2番目に全事業所で高かったのは、「人員不足や人

6 年代別高齢者虐待発生要因の傾向

表7-2　制度認知度別高齢者虐待発生要因

項　　目			教育や知識に関する問題	介護技術等に関する問題	倫理観や理念の欠如	職員のストレスや感情コントロールの問題	人員不足や人員配置の問題による多忙さ	虐待を助長する組織風土	職員間の関係性の悪さ	虐待を行った職員の性格や資質の問題	その他
制度認知	状況の公表を知っている (n=242)	名	102	63	131	199	161	50	50	127	8
		%	42.1	26.0	54.1	82.2	66.5	20.7	20.7	52.5	3.3
	状況の公表を知らない (n=356)	名	118	61	167	301	239	57	95	214	12
		%	33.1	17.1	46.9	84.6	67.1	16.0	26.7	60.1	3.4

出典：筆者作成

員配置の問題による多忙さ」であった。ただ、老人保健施設のみが「倫理観や理念の欠如」も「人員不足や人員配置の問題による多忙さ」と同率2位であった（表7-3）。

6　年代別高齢者虐待発生要因の傾向

年代別高齢者虐待発生要因の傾向を探るにあたり、20歳代未満は1名であることから、データを分析する際には除外した。

高齢者虐待発生要因の選択肢項目において、全ての年代で最も高かったのは「職員のストレスや感情コントロールの問題」であった。上位2番目は、20歳代から50歳代までが「人員不足や人員配置の問題による多忙さ」だが、60歳代は「虐待を行った職員の性格や資質の問題」であった。上位3番目になると、上位2番目の傾向と反対になり、20歳代から50歳代までが「虐待を行った職員の性格や資質の問題」だが、60歳代は「人員不足や人員配置の問題による多忙さ」となった。

最下位の項目は、20歳代と30歳代が「介護技術等に関する問題」で、

表7-3　事業所別高齢者虐待発生要因

	項目		教育や知識に関する問題	介護技術等に関する問題	倫理観や理念の欠如	職員のストレスや感情コントロールの問題	人員不足や人員配置の問題による多忙さ	虐待を助長する組織風土	職員間の関係性の悪さ	虐待を行った職員の性格や資質の問題	その他
事業所	特別養護老人ホーム (n=143)	名	61	24	76	128	111	30	34	78	6
		%	41.8	16.8	53.1	89.5	77.6	21.0	23.8	54.5	4.2
	老人保健施設 (n=114)	名	52	28	73	97	73	22	30	59	5
		%	45.6	24.6	64.0	85.1	64.0	19.3	26.3	51.8	4.4
	通所介護 (n=134)	名	38	29	63	106	88	30	30	86	2
		%	28.4	21.6	47.0	79.1	65.7	22.4	22.4	64.2	1.5
	訪問介護 (n=90)	名	26	18	38	73	55	11	21	49	3
		%	28.9	20.0	42.2	81.1	61.1	12.2	23.3	54.4	3.3
	グループホーム (n=120)	名	39	26	44	101	76	13	30	67	4
		%	3.3	21.7	36.7	84.2	63.3	10.8	25.0	55.8	3.3

出典：筆者作成

40歳代、50歳代、60歳代は「虐待を助長する組織風土」となった。最下位から2番目は、20歳代と30歳代が「虐待を助長する組織風土」、40歳代と50歳代が「介護技術等に関する問題」、60歳代が「職員間の関係性の悪さ」となった。20歳代と30歳代、40歳代と50歳代については、最下位項目と最下位から2番目の項目が逆転していた（表7-4）。

7　取得資格別高齢者虐待発生要因の傾向

　取得資格別に最も高かったのは「職員のストレスや感情コントロールの問題」、上位2番目は「人員不足や人員配置の問題による多忙さ」が、全資格と資格なし群に共通していた。さらに、社会福祉士の群は上位2

7 取得資格別高齢者虐待発生要因の傾向

表7-4 年代別高齢者虐待発生要因

項目			教育や知識に関する問題	介護技術等に関する問題	倫理観や理念の欠如	職員のストレスや感情コントロールの問題	人員不足や人員配置による多忙さ	虐待を助長する組織風土	職員間の関係性の悪さ	虐待を行った職員の性格や資質の問題	その他
年代	20歳代未満(n=1)	名	1	0	1	1	1	0	0	0	0
		%	100	0	100	100	100	0	0	0	0
	20歳代(n=75)	名	25	9	29	70	56	14	21	38	6
		%	33.3	12.0	38.7	93.3	74.7	18.7	28.0	50.7	8.0
	30歳代(n=187)	名	73	30	90	163	126	37	46	101	5
		%	39.0	16.0	48.1	87.2	67.4	19.8	24.6	54.0	2.7
	40歳代(n=152)	名	60	37	81	124	106	29	43	84	3
		%	39.5	24.3	53.3	81.6	69.7	19.1	28.3	55.3	2.0
	50歳代(n=158)	名	50	39	83	128	102	27	27	96	5
		%	31.6	24.7	52.5	81.0	64.6	17.1	17.1	60.8	3.2
	60歳代以上(n=53)	名	20	17	25	37	26	5	13	33	1
		%	37.3	32.1	47.2	69.8	49.1	9.4	24.5	62.3	1.9

出典：筆者作成

番目同率で「倫理観や理念の欠如」となった。上位3番目は、ヘルパー2級、介護福祉士、社会福祉士、認知症ケア専門士、資格なしの群が「虐待を行った職員の性格や資質の問題」であるが、看護師、介護支援専門員、資格なし（上位3番目が2項目同率）、その他が「倫理観や理念の欠如」となった。

　最下位項目は、介護福祉士、看護師、認知症ケア専門士、介護支援専門員、資格なしの群が「虐待を助長する組織風土」となった。ヘルパー2級とその他の群は「介護技術等に関する問題」であった。認知症ケア専門士については、最下位項目が「虐待を助長する組織風土」、「介護技術等に関する問題」、「職員間の関係性の悪さ」が同率であった（表7-5）。

第7章　介護労働者が考える高齢者虐待の要因と再発防止とは

表7-5　取得資格別高齢者虐待発生要因

項目			教育や知識に関する問題	介護技術等に関する問題	倫理観や理念の欠如	職員のストレスや感情コントロールの問題	人員不足や人員配置の問題による多忙さ	虐待を助長する組織風土	職員間の関係性の悪さ	虐待を行った職員の性格や資質の問題	その他
取得資格	ヘルパー2級 (n=202)	名	60	39	92	167	125	37	51	124	9
		%	29.7	1.3	45.5	82.7	61.9	18.3	25.2	61.4	4.5
	介護福祉士 (n=415)	名	164	83	208	358	286	81	106	237	11
		%	39.5	20.0	50.1	86.3	68.9	19.5	25.5	57.1	2.7
	社会福祉士 (n=47)	名	20	15	33	43	33	15	12	26	1
		%	2.6	31.9	70.2	91.5	70.2	31.9	25.5	55.3	2.1
	看護師 (n=65)	名	28	17	36	49	43	9	15	35	0
		%	43.1	26.1	55.4	75.4	66.2	13.8	23.1	53.8	0
	認知症ケア専門士 (n=24)	名	9	5	12	20	15	5	5	13	2
		%	37.5	20.8	50.0	83.3	62.5	20.8	20.8	54.2	8.3
	介護支援専門員 (n=151)	名	69	42	97	130	99	36	38	83	5
		%	45.7	27.8	64.2	86.1	65.6	23.8	25.2	55.0	3.3
	資格なし (n=21)	名	2	3	10	19	14	2	6	10	1
		%	9.5	14.3	47.6	90.4	66.7	9.5	28.6	47.6	4.8
	その他 (n=62)	名	22	12	35	53	43	13	12	32	4
		%	35.5	19.4	56.5	85.5	69.4	21.0	19.4	51.6	6.5

出典：筆者作成

8　役職の有無による高齢者虐待発生要因の傾向

　役職の有無による高齢者虐待発生要因の選択肢項目では、役職ありと役職なしの群で上位3番目まで同項目が並んだ。上位順に「職員のストレスや感情コントロールの問題」、「人員不足や人員配置の問題による多忙さ」、「虐待を行った職員の性格や資質の問題」であった。

　最下位項目は、役職あり群と役職なし群に「虐待を助長する組織風土」

表7-6　役職別高齢者虐待発生要因

項目			教育や知識に関する問題	介護技術等に関する問題	倫理観や理念の欠如	職員のストレスや感情コントロールの問題	人員不足や人員配置の問題による多忙さ	虐待を助長する組織風土	職員間の関係性の悪さ	虐待を行った職員の性格や資質の問題	その他
役職	役職あり (n=266)	名	113	63	143	225	179	44	62	145	7
		%	42.5	23.7	53.8	84.6	67.3	16.5	23.3	54.5	2.6
	役職なし (n=357)	名	115	68	163	294	237	67	88	206	13
		%	32.2	19.0	45.7	82.4	66.4	18.8	24.6	57.7	3.6

出典：筆者作成

が共通していた。最下位から2番目は、役職あり群が「職員間の関係性の悪さ」、役職なし群が「介護技術等に関する問題」であった。しかし、最下位から3番目の項目では、役職あり群が「介護技術等に関する問題」、役職なし群が「職員間の関係性の悪さ」と項目が逆転していた（表7-6）。

9　高齢者虐待発生要因その他の自由記述

本調査では、高齢者虐待発生要因に対する回答に、その他の選択肢がある。人口最多自治体と人口最少自治体を合わせると20名が（3.2％）がその他を選択し、その内の15名が具体的内容を記述してくれた。その記述内容について、類似内容をまとめ6つのカテゴリーを作成した。【低い労働対価】（5名）が最も多く、【人員不足による弊害】（3名）、【人間関係による影響】（2名）、【介護スキルの問題】（2名）、【当事者の無意識】（1名）、【利用者側の問題】（2名）である（表7-7）。

第7章　介護労働者が考える高齢者虐待の要因と再発防止とは

表7-7　高齢者虐待発生要因その他記述

カテゴリー	虐待発生要因その他の記述内容
低い労働対価	待遇面。
	仕事量に比べて賃金が低いこと。
	給料の安さ。人材不足。
	しんどい仕事のわりには給料が安い。
	低賃金、職員の程度の低さ。
人員不足による弊害	業界全体の人員不足により、介護職に向いていない人も仕事についている事。
	人がいないからとりあえず採用という受け入れ方をしている事。
	職が無く介護職についているため、仕方なく心が無いケアをしている人がいる。
人間関係による影響	高齢者対職員の人間関係。
	家族と職員の関係性の問題。
介護スキルの問題	利用者とのコミュニケーションのとり方、接し方の問題。
	高齢者虐待の定義が日ごろの教育不足。
当事者の無意識	虐待を行う職員が虐待しているという意識がない。
利用者側の問題	利用者の性格。暴力的、暴言を吐くなど。
	職員が身体・心理・性的・経済的問題に合う。虐待に毎日耐えざるを得ないこと。

出典：筆者作成（アンケート自由記述原文のまま）

10　自治体別高齢者虐待の再発防止策

　人口最少自治体と人口最多自治体の回答者ともに、高齢者虐待の再発防止策の第1位と2位が「職場全体で研修を行う」と「人員を増やす」になった。以下中位の傾向は、「施設長や事業所長による職員教育を強化する」「虐待した従事者に対する研修を強化する」「組織風土を改革する」で、下位項目の傾向は「虐待者への罰則を厳しくする」「施設長や事業所長への罰則を厳しくする」となった。これらのことより介護労働者は、虐待者や事業所トップなどの罰則を強く望まない傾向が明らかになったといえる（表7-8）。

表7−8　自治体別高齢者虐待の再発防止策

再発防止に必要なことは何か	人口最多自治体（市） n=463		人口最少自治体（町村） n=163	
	名	%	名	%
虐待者への罰則を厳しくする	112	24.2	37	22.7
施設長や事業所長による職員教育を強化する	147	31.7	45	27.6
施設長や事業所長への罰則を厳しくする	29	17.8	10	6.1
人員を増やす	202	43.6	81	49.7
組織風土を改革する	137	29.6	46	28.2
虐待した従事者に対する研修を強化する	144	31.1	43	26.4
職場全体で研修を行う	339	73.2	112	68.7
その他	37	8.0	6	3.7

出典：筆者作成

11　事業所別高齢者虐待の再発防止策の傾向

　高齢者虐待の再発防止策要因について事業所別に分析したところ、全事業所群で最も高かったのは「職場全体で研修を行う」であった。次に高かったのは「人員を増やす」で、これも全事業所群に共通していた。上位3番目は、特別養護老人ホーム群と通所介護群が「組織風土を改革する」で、老人保健施設群とグループホーム群が「虐待した従事者に対する研修を強化する」である。また、特別養護老人ホーム群は上位3番目に同率で「施設長や事業所長による職員教育を強化する」があり、この項目は訪問介護群も上位3番目であった。

　最下位項目は、全事業所群で「施設長や事業所長への罰則を厳しくする」であった。最下位から2番目は、グループホーム群以外で「虐待者への罰則を厳しくする」で、グループホーム群だけが「組織風土を改革する」であった（表7−9）。

表7−9　事業所別高齢者虐待の再発防止策

項目			虐待者への罰則を厳しくする	施設長や事業所長による職員教育を強化する	施設長や事業所長への罰則を厳しくする	人員を増やす	組織風土を改革する	虐待した従事者に対する研修を強化する	職場全体で研修を行う	その他
事業所	特別養護老人ホーム (n=143)	名	34	45	7	66	45	39	110	14
		%	23.8	31.5	4.9	46.2	31.5	27.3	76.9	9.8
	老人保健施設 (n=114)	名	31	35	8	48	34	40	86	9
		%	27.2	30.7	7.0	42.1	29.8	35.1	75.4	7.9
	通所介護 (n=134)	名	37	43	12	63	47	39	89	8
		%	27.6	34.3	9.0	47.0	35.1	29.1	66.4	6.0
	訪問介護 (n=90)	名	14	32	5	45	27	29	66	5
		%	15.6	35.6	5.6	50.0	30.0	32.2	73.3	5.6
	グループホーム (n=120)	名	25	29	3	57	22	35	83	8
		%	20.8	24.2	2.5	47.5	18.3	29.2	69.2	6.7

出典：筆者作成

12　年代別高齢者虐待の再発防止策の傾向

　全年代に共通して最上位項目は、「職場全体で研修を行う」であった。上位から2番目の項目では、30歳代、40歳代、50歳代は「人員を増やす」であったが、20歳代は「虐待者への罰則を厳しくする」、60歳代は「施設長や事業所長による職員教育を強化する」であった。

　最下位の項目は、全年代で「施設長や事業所長への罰則を厳しくする」であった。最下位2番目以降は、40歳代、50歳代、60歳代が「虐待者への罰則を厳しくする」で、20歳代は「虐待した従事者に対する研修を強化する」、30歳代は「施設長や事業所長による職員教育を強化する」であった（表7−10）。

13　取得資格別高齢者虐待の再発防止策の傾向

表7-10　年代別高齢者虐待の再発防止策

項目			虐待者への罰則を厳しくする	施設長や事業所長による職員教育を強化する	施設長や事業所長への罰則を厳しくする	人員を増やす	組織風土を改革する	虐待した従事者に対する研修を強化する	職場全体で研修を行う	その他
年代	20歳代未満 (n=1)	名	1	1	0	1	0	0	1	0
		%	100	100	0	100	0	0	100	0
	20歳代 (n=75)	名	23	21	3	39	20	16	49	6
		%	30.7	28.0	4.0	52.0	26.7	21.3	65.3	8.0
	30歳代 (n=187)	名	49	47	12	88	56	54	137	17
		%	26.2	25.1	6.4	47.1	29.9	28.9	73.3	9.1
	40歳代 (n=152)	名	33	38	10	67	56	43	115	9
		%	21.7	25.0	6.6	44.1	36.8	28.3	75.7	5.9
	50歳代 (n=158)	名	38	63	12	69	44	57	114	10
		%	24.1	39.9	7.6	43.7	27.8	36.1	72.2	6.3
	60歳代以上 (n=53)	名	5	23	2	22	9	18	38	1
		%	9.4	43.4	3.8	41.5	17.0	34.0	71.7	1.9

出典：筆者作成

13　取得資格別高齢者虐待の再発防止策の傾向

　取得資格別に最上位項目は、全資格共通して「職場全体で研修を行う」であった。上位2番目は、社会福祉士群を除いた資格で「人員を増やす」であった。社会福祉士群は「施設長や事業所長による職員教育を強化する」であった。資格なし群の上位3番目は、他群には見られなかった「虐待者への罰則を厳しくする」となった。また、看護師群、認知症ケア専門士群、介護支援専門員群では、最上位から順に「職場全体で研修を行う」、「人員を増やす」、「施設長や事業所長による職員教育を強化する」が共通していた。

第7章　介護労働者が考える高齢者虐待の要因と再発防止とは

表7-11　取得資格別高齢者虐待の再発防止策

項目			虐待者への罰則を厳しくする	施設長や事業所長による職員教育を強化する	施設長や事業所長への罰則を厳しくする	人員を増やす	組織風土を改革する	虐待した従事者に対する研修を強化する	職場全体で研修を行う	その他
取得資格	ヘルパー2級 (n=202)	名	46	60	11	93	55	67	144	13
		%	22.8	29.8	5.4	46.0	27.2	33.2	71.3	6.4
	介護福祉士 (n=415)	名	93	117	26	196	134	118	310	31
		%	22.4	28.2	6.3	47.2	32.3	28.4	74.7	7.5
	社会福祉士 (n=47)	名	9	19	6	17	17	16	39	4
		%	19.1	40.4	12.8	36.2	36.2	34.0	83.0	8.5
	看護師 (n=65)	名	14	22	5	30	16	20	45	5
		%	21.5	33.8	7.7	46.2	24.6	30.8	69.2	7.7
	認知症ケア専門士 (n=24)	名	4	6	1	9	5	5	20	3
		%	16.7	25.0	4.2	37.5	20.8	20.8	83.3	12.5
	介護支援専門員 (n=151)	名	28	55	12	61	51	46	124	8
		%	18.5	36.4	7.9	40.4	33.8	30.5	82.1	5.3
	資格なし (n=21)	名	5	2	0	10	4	3	13	0
		%	23.9	9.5	0	47.6	19.0	14.3	61.9	0

出典：筆者作成

　最下位の項目は、全資格共通して「施設長や事業所長への罰則を厳しくする」であった。最下位2番目は、資格なし群を除いて「虐待者への罰則を厳しくする」であった。資格なし群の下位2番目は、「施設長や事業所長による職員教育を強化する」であった（表7-11）。

14　役職の有無による高齢者虐待の再発防止策の傾向

　役職あり群と役職なし群の両者ともに、最上位項目は「職場全体で研

15 状況の公表認知と高齢者虐待の再発防止策の傾向

表7−12 役職の有無別高齢者虐待の再発防止策

項目			虐待者への罰則を厳しくする	施設長や事業所長による職員教育を強化する	施設長や事業所長への罰則を厳しくする	人員を増やす	組織風土を改革する	虐待した従事者に対する研修を強化する	職場全体で研修を行う	その他
役職	役職あり (n=266)	名	75	85	23	114	81	74	202	23
		%	28.2	32.0	8.6	42.9	30.4	27.8	75.9	8.6
	役職なし (n=357)	名	73	108	15	171	103	113	250	20
		%	20.4	30.3	4.2	47.9	28.9	31.7	70.0	5.6

出典：筆者作成

修を行う」で、次いで「人員を増やす」であった。3番目には、役職あり群が「施設長や事業所長による職員教育を強化する」、役職なし群が「虐待した従事者に対する研修を強化する」となった。

　最下位は、両群ともに「施設長や事業所長への罰則を厳しくする」であった。下位2番目には、役職あり群が「虐待した従事者に対する研修を強化する」であり、役職なし群が「虐待者への罰則を厳しくする」であった（表7−12）。

15 状況の公表認知と高齢者虐待の再発防止策の傾向

　高齢者虐待の状況の公表について知っている群と知らない群の両者において、高齢者虐待の再発防止策要因項目の最上位は「職場全体で研修を行う」で、次いで「人員を増やす」であった。3番目には、状況の公表について知っている群は「組織風土を改革する」であり、状況の公表について知らない群は「虐待した従事者に対する研修を強化する」であった。

　最下位項目は、両群ともに「施設長や事業所長への罰則を厳しくする」

第7章 介護労働者が考える高齢者虐待の要因と再発防止とは

表7-13 状況の公表認知別高齢者虐待の再発防止策

項目			虐待者への罰則を厳しくする	施設長や事業所長による職員教育を強化する	施設長や事業所長への罰則を厳しくする	人員を増やす	組織風土を改革する	虐待した従事者に対する研修を強化する	職場全体で研修を行う	その他
制度認知	状況の公表を知っている（n=242）	名	51	79	17	98	86	68	188	13
		%	21.1	32.6	7.0	40.5	35.5	28.1	77.7	5.4
	状況の公表を知らない（n=356）	名	90	105	19	174	96	112	250	29
		%	25.3	29.5	5.3	48.9	27.0	31.5	70.2	8.1

出典：筆者作成

であった。次いで、両群とも「虐待者への罰則を厳しくする」であった（表7-13）。

16 高齢者虐待の再発防止策その他記述内容

再発防止策についてその他を選択したのは合計で43名である。その内具体的な記述が書かれたものは34件あった（表7-14）。その内容を7つのカテゴリーに分類した。【介護実践の改善】と【職場環境づくり】が7件であった。【ストレス環境改善】6件と【賃金改善】が5件、【問題意識】と【本人教育】が4件、【別な方法の必要性】1件である。

介護労働者は、労働環境に変化をもたらすことによりストレスが軽減され、高齢者虐待の再発を防ぐことにつながると考えている様子が窺えた。他方、「厳しくすることで改善するとは思えない。」というように、この表現から厳しさは虐待という悪行を改善するどころか、厳しさをもって介護労働者に関わっていくことにより新たな弊害を発生させることをも含んでいるように感じられる。正にイソップ童話にある「北風と太陽」をイメージさせる表現である。虐待を防止しようと介護労働者に

16 高齢者虐待の再発防止策その他記述内容

表7-14 高齢者虐待の再発防止策その他記述

カテゴリー	再発防止に必要なことその他記述内容
介護実践の改善 7件	目に見える介護。空間含め。
	知識の習得、伝える方法。
	経験と研修。
	採用前に何が虐待であるのか、福祉とは、介護とはを理解してもらう。
	毎月ケアについて振り返りを行う。
	介護に対する初心を忘れないための工夫。介護とは何かを考える時間を持つ。
	マニュアル作成。
職場環境づくり 7件	開けた空間を作る。
	施設内は閉鎖的になり易いため、虐待が潜在化するので開放的とし、時にオンブズマンを入れる。
	虐待を行った原因を明確にし、周囲の職員と支えあい、フォローしあえる環境を作る。
	職員間での声かけ、報告等、できるような関係づくり。
	職員間で注意、意識する。
	現場のゆとり、心のゆとり。
	福利厚生。施設が職員の余暇を充実したものになるよう手助けする。趣味等を行いやすくする。
ストレス環境改善 6件	職員間の不満、不安を取り除くことができる環境づくり。
	職員が抱えている悩みやストレスを言える、聞いてくれる環境が必要。
	職員のストレスや感情コントロールへのフォロー。
	ストレスのたまらない職場つくり。
	職員のストレスマネジメント。
	メンタルヘルスケア。
賃金改善 5件	賃金を増やす。
	給料を上げる。
	給料を増やす等の待遇改善。
	上層部が部下に対する思いやりをもつ。給料安すぎ。
	給料あげる。有能な人材を選定する。
問題意識 4件	とにかく職員に限らず、介護業界にて虐待の現場・規則他、少しでもわかること。
	職員の意識の問題。
	職員の人間性としての資質を見極めることも大切。
	職員の虐待に対する問題意識の低さ。
本人教育 4件	虐待を行った者の性格、質の問題、本人の質をしっかり自覚させる必要あり。
	加害者がわかっていれば面談を行う。
	聞き取り、原因分析などしっかりと追及する。
	虐待者への精神的ケアを行う。
別な方法の必要性1件	厳しくすることで改善するとは思えない。

出典：筆者作成（アンケート自由記述原文のまま）

厳しくすることが北風の対応方法であり、その厳しさによって介護労働者は業務に対する萎縮した言動を示し、厳しさが介護労働者の余計なストレスになることも考えられるのである（表7-14）。

17　厚生労働省発表との差異

　介護労働者は、事業所種別や年代、取得資格などの属性に関係なく、「職員のストレスや感情コントロールの問題」が高齢者虐待の要因として、最も高く認識しているという結果となった。同様に、属性に関係なく「人員不足や人員配置の問題による多忙さ」についても、2番目に高く高齢者虐待の要因として認識された。

　厚生労働省の公表で最も高かった項目は、「教育・知識・介護技術等に関する問題」であったが、本調査では、「教育・知識に関する問題」は中位の認識であり、「介護技術等に関する問題」については事業所別、年代別、取得資格別にみると最下位に認識された点で、大きく異なる。また、厚生労働省の公表で最も低く認識された「人員不足や人員配置の問題による多忙さ」は、本調査結果で上位2番目となった点で大きな違いがある。この差異は、虐待を調査もしくは判断する側の高齢者虐待発生要因の捉え方と、臨床に身を置く介護労働者自身の高齢者虐待発生要因の捉え方から起因するものと考えられる。

　高齢者虐待を制度として捉える行政サイドは、「教育・知識・介護技術等に関する問題」があることが高齢者虐待発生の高い要因と認識し、「人員不足や人員配置の問題による多忙さ」は、高齢者虐待発生要因としては低いと認識していると解釈できる。一方、本調査で明らかとなった高齢者介護実践サイドの介護労働者は、「教育・知識・介護技術等に関する問題」以上に、「職員のストレスや感情コントロールの問題」が高齢者虐待発生要因として高いと認識し、「人員不足や人員配置の問題による多忙さ」と切り離して考えることはできないものと認識していると解釈できる。これらのことより、虐待を調査しその内容を分類した厚

生労働省側と現場の職員自身の間には、高齢者虐待発生要因の乖離した認識が存在していることがわかった。

　本調査で明らかになった介護労働者による高齢者虐待発生要因は、厚生労働省が示した要因の順位付けと一部違いがあった。その背景には、虐待と判断する側と現場の職員自身という、立場の違いによるものであると考えられる。

　また本調査では、「教育・知識に関する問題」と「介護技術等に関する問題」に分離して実施したが、これらの調査結果を合わせ厚生労働省の項目で比較しても、「教育・知識・介護技術等に関する問題」がトップになることはなかった。厚生労働省の示す高齢者虐待発生要因は、客観的立場の視点から分析したものとしては大変示唆に富むものである。しかし、現場職員の視点に立脚した防止策を提案しなければ、いかなる知識であれ、いかなる優れた技術教育を提供したとしても、職員にやらされ感ばかりが増幅しては、介護労働者による主体的な高齢者虐待防止は展開できないものと考える。

18　高齢者虐待と倫理観

　厚生労働省でカテゴリー化して公表した「倫理観や理念の欠如」は上位3番目であったが、本調査では、事業所別結果によると老人保健施設以外では中位であった。やはりこの項目については虐待調査側と現場の職員自身の間には、乖離した高齢者虐待発生要因の認識が存在しているといえるのではないだろうか。つまり、高齢者虐待と判断する虐待調査側は、発生要因として「倫理観や理念の欠如」を指摘したがるが、現場の高齢者介護に従事する職員たちは、自らの仲間が「倫理観や理念の欠如」がないとは思っていないはずである。現場の職員自身は、介護労働者による高齢者虐待の背景として、自分たちの倫理観以上に「職員のストレスや感情コントロールの問題」や「人員不足や人員配置の問題による多忙さ」が勝ると捉えているようだ。

第7章　介護労働者が考える高齢者虐待の要因と再発防止とは

　そのような状況の中、介護老人保健施設群のみが上位2番目に「倫理観や理念の欠如」となっている点は特筆に値する。倫理観とは職業倫理を指すもので、介護老人保健施設職員としての社会的な責任を果たすという旨の職業倫理である。

　本調査対象とした当該介護老人保健施設は設立法人母体が医療法人であり、特別養護老人ホームなどと比較すると看護職の配置基準割合が高くなっている。看護の歴史は介護の歴史よりも長く、昭和48（1973）年に国際看護師協会が国際看護師倫理綱領[注]を制定し、専門職として守るべき秩序を掲げている。日本では国際看護師協会を参考に、日本看護協会が昭和63（1988）年に「看護師の倫理規定」を策定している。老人保健施設群にはこれらによる看護師教育が影響し、倫理を重んじる傾向が高くなる背景があるのではないだろうか。

　一方、介護分野では、昭和62（1987）年に制定した社会福祉士及び介護福祉士法により誕生した国家資格である介護福祉士については、その職能団体である日本介護福祉士会が平成6（1994）年に誕生し、翌平成7（1995）年に「日本介護福祉士会倫理綱領」が制定されている。全国ホームヘルパー協議会による「全国ホームヘルパー協議会倫理綱領」の制定は平成16（2004）年であり、職業倫理の背景を比較しても、介護より看護の領域の歴史が長い。看護職の方が倫理綱領の遵守に対する認識を高く持ち、それらは資格取得養成段階における教育のあり方とも関連し、本調査結果に影響している可能性がより強く考えられる。社会福祉士群が資格別において上位2番目に「倫理観や理念の欠如」を上げている背景についても、看護職同様に職能団体の倫理綱領に関する教育のあり方が影響していると考えられる。

　高齢者虐待の状況の公表について知っている群の上位3番目に「倫理観や理念の欠如」となった点は、知らないとする群と比較して知っている群の社会正義に関する捉え方の違いではないかと推察する。つまり「バレなければよし」とすること自体を、「倫理観や理念の欠如」した状態と認識するのではないだろうか。そして、そのような意味においても、

知っている群の倫理観は高く、「倫理観や理念の欠如」は高齢者虐待の要因となるものと認識しているのではないだろうか。

19　再発防止策としての研修志向

　介護労働者は、属性に関係なく介護労働者による高齢者虐待の再発防止には、「職場全体で研修を行う」ことが必要だと認識しているようである。職場全体で学びの内容を共有し、同じ認識、同じ方向性をもって業務にあたる必要性を介護労働者は感じているものといえる。

　実際、職場全体で研修を行うためには、その時間の確保が問題となる。24時間365日稼働させている介護保険事業所においては、事業所を休日にすることは不可能であり、一斉に職員を外部研修に出張させることなどできないのが実態である。また、日常的に人手不足である介護現場では、外部研修へ出張させることさえ難しい状況といえる。介護労働者は、研修の重要さについて理解しているが、自分が出張を希望した場合に、人手不足による他職員への影響を考えると、どんなに良い外部研修があって行きたいと思っても言い出せないことがある。それならば自分で学ぶしかないと自分の休日を研修に充てることにより、自分自身が休まらなくなる状態になると、勉強か休暇のどちらを選択するかを悩むのである。このような状況に陥らないようにするためにも、内部研修として職場全体で学ぶことができれば良いとする者が多かったと考えられる本調査結果であるが、実はこの実現には事業所トップの考え方も大きく影響する。先述のとおり365日稼働し続けなければならない現場で全員が研修を享受するためには、勤務体制を考慮しながら同内容の研修を複数回開催し、受講漏れのないようにしなければならないのである。介護労働者にとって多岐にわたって必要な研修があり、高齢者虐待防止研修のみに偏ったり、研修コストに跳ね返ったりする研修方法論は、経営サイドには受け入れ難いという側面もある。

　本調査において介護労働者が高齢者虐待発生要因として一番に捉えて

いたことは、「職員のストレスや感情コントロールの問題」であった。介護労働者が考える再発防止策で最も多かった「職場全体で研修を行う」と関連させると、介護労働者が望む研修というものは「職員のストレスや感情コントロールの問題」に対応するものの提供が必要だと考える。厚生労働省資料における高齢者虐待発生要因は「教育・知識・介護技術等に関する問題」が最も高くなっていることを第3章で述べたが、筆者は、データを分析する行政機関と現場労働者の考え方に相当なズレがあると感じている。

再発防止策として「人員を増やす」についても、当然ながら上位に認識された。介護労働者は、高齢者虐待発生要因の2番目に「人員不足や人員配置の問題による多忙さ」としている点からも、「人員を増やす」ことによって人員不足が解消され、多忙によるストレスや感情コントロールの問題を回避することが可能になると考えていると推察できる。

20　罰則志向と脱罰則志向

調査結果において、「虐待者への罰則を厳しくする」は20歳代群と資格なし群で上位3番目となっている以外は、どの属性でも下位に位置付けられていた。また、「虐待した従事者に対する研修を強化する」は、役職なし群と状況の公表を知らない群で上位3番目となっている。

この2つの項目は虐待者のみを対象とする、再発防止策アプローチ方法である。20歳代で年齢が高くない群、資格なし群、役職なし群、状況の公表を知らない群という4拍子そろった「就業期間が短く人生経験の浅い者」は、虐待した介護労働者個人への対応の必要性を選択していることが特徴的であった。他の介護労働者は、職場全体の研修などを選択し、個人攻撃を避ける方法で再発防止を図りたいと考えていることがわかった。

この傾向について推測の域を超えることはできないが、虐待した者はこの様になるという「見せしめ効果」を期待しているのか、はたまた虐

待者と自分は別者として取り扱われることを望んでいると思われる節がある。もし、「見せしめ効果」を期待しているとすれば、自分に置き換えた場合に同等のことが実施されることを想像し、業務である介護行為が萎縮してしまう可能性も孕んでいる。「見せしめ効果」は、萎縮効果と表裏一体のものとなることを認識する必要がある。

一方、「施設長や事業所長による職員教育を強化する」ことが再発防止策と捉える群では、60歳代や社会福祉士資格取得者、役職あり群が高い傾向にある。年齢や立場からいえば、職場において十分教育できる地位にあると考えられるが、自己の地位に応じて自身が教育することに対する自信がないのか、あるいは、虐待者に対し直接自分が教育することによる責任を回避したいからなのか、教育を施設長へ委ねる姿が窺われる。もしかすると、介護労働者が部下や新人に対して効果的な教育方法を知らないことから、施設長へ委ねることも大きな理由になっているのかも知れない。

小林（2004：69）は、インタビューした女性の言葉を記載し「施設を変えることができるかどうかは、トップの力が大きい」としている。トップの考え方が事業所のあり方を大きく左右するものであり、介護労働者による高齢者虐待防止に腰を据えて対峙する意識があるか、つまりトップの本気さを現場職員は敏感に感じ取るものである。したがって、介護労働者による高齢者虐待を自分のこととして捉えることのできる経営者や施設長への教育というものは、現場の意識を変える有効な方法の一つとなるのである。このことは、介護労働者による高齢者虐待が発生した際に、トップとしての管理責任を問われることなく、「虐待した職員個人の問題」だとして誰か1人を悪者に仕立て、事態の幕引きに躍起になるようであってはならないということを肝に銘じてもらうためにも大切な事柄である。

本調査では、どの属性においても「施設長や事業所長への罰則を厳しくする」が最下位であった。施設長や事業所長に対して罰則を厳しくしたところで、組織内の高齢者虐待防止策としては、効果が見込めないと

第7章　介護労働者が考える高齢者虐待の要因と再発防止とは

捉えているようである。

21　個人と組織の関係

　介護労働者による高齢者虐待防止の実現には、労働環境における組織上でのラインの考え方と、個人の資質訓練としてのセルフの考え方が、縦糸と横糸の関係としてセットで取り組まれていく必要がある。本調査から介護労働者の多くは、虐待者や管理責任者である長を罰することで高齢者虐待防止策にはならないと認識している傾向にあるといえる。

　介護労働者が高齢者虐待防止のために必要としていることは、従事者個人の問題にしないこと、そのために働きやすくなる労働環境のための人員増と、職場全体の研修により職員相互機能を働かせていく環境を創り上げていくことであると考える。

　小林（2004：69）は、施設での虐待について「地域や家族から離れ、高齢者ばかりが集められた場が、時として密室と化し、その中で想像もつかないようなひどい仕打ちが行われている」と表現している。このような社会の指摘に対処できる介護施設づくりを介護労働者個々が担っていくことと、介護労働者がそれらを担っていくことができるような労働環境のマネジメントの整備が施設の長に求められている。

【注】

　本章は、吉田輝美（2017）「養介護施設従事者がとらえる高齢者虐待発生要因とその再発防止策」『厚生の指標』第63巻第6号（pp.33－40）を修正・加筆したものである。

　国際看護師倫理綱領は、「日本語版ICN看護師の倫理綱領（2012年版）」として以下のサイトで確認できる（2016.4.15）。
https://www.nurse.or.jp/nursing/practice/rinri/pdf/icncodejapanese.pdf

【参考文献】

小林篤子：高齢者虐待、中公新書（2004）

山田裕子：介護労働者による高齢者虐待防止の課題、地域ケアリング Vol.15 No.6（2013）pp.20-33

厚生労働省「高齢者虐待防止関連調査・資料」
http://www.mhlw.go.jp/stf/seisakunitsuite/bunya/hukushi_kaigo/kaigo_koureisha/boushi/index.html（2015.10.5）

倉田康路・滝口真監修加藤稔子：高齢者施設での高齢者虐待防止、倉田康路・滝口真監修：高齢者虐待を防げ 家庭・施設・地域での取り組み（2011）

吉田輝美：介護労働者による高齢者虐待の状況公表の現状と課題、pp.43-49、福祉研究No.107（2014）

厚生労働省「平成24年度 高齢者虐待の防止、高齢者の養護者に対する支援等に関する法律に基づく対応状況等に関する調査結果 に関する調査結果」老健局高齢者支援課認知症・虐待防止対策推進室　2013年12月26日付発表
http://www.mhlw.go.jp/file/04-Houdouhappyou-12304500-Roukenkyoku-Ninchishougyakutaiboushitaisakusuishinshitsu/h24chousakekka.pdf（2015.10.5）

公益社団法人日本看護協会
http://www.nurse.or.jp/rinri/basis/professional/index.html（2015.10.5）

全国ホームヘルパー協議会
http://www.homehelper-japan.com/（2015.10.5）

公益法人日本介護福祉士会
http://www.jaccw.or.jp/about/rinri.php（2015.10.5）

第8章
介護労働者の人権意識

　これまで本書では、介護労働者による高齢者虐待防止を目的に、介護労働者に起きていることに焦点をあててきた。介護労働者による高齢者虐待防止には、介護労働者の人権感覚が極めて重要と考えている。そこで本章では、人権を法学的知見から捉えることはせず、介護現場におけるケアワークの視点から、業務に必要な人権をどのように意識しているのか、また、その実態と課題についてまとめてみたい。

1　人権の捉え方

　人権とはごく身近な所にあるものという感覚と、具体的に何かと問われれば説明に苦慮するものとして存在している。この点について、「『人権』は難しいものではなく、誰でも心で理解し、感じることのできるもの」と法務省人権擁護局は啓発活動を行っている。また、人権に関し同省の冊子には、「すべての人々が生命と自由を確保し、それぞれの幸福を追求する権利」あるいは「人間が人間らしく生きる権利で、生まれながらに持つ権利」と説明している。これらを規定している日本国憲法第11条には「国民は、すべての基本的人権の享有を妨げられない。この憲法が国民に保障する基本的人権は、侵すことのできない永久の権利として、現在及び将来の国民に与へられる」とある。このことからも間違いなく高齢者虐待は人権侵害にあたる行為であり、高齢者の尊厳の保持には何としても高齢者虐待の防止策が必要である。そして人権の基本は道徳や倫理であることはいうまでもない。

　一方で、介護現場での人権への理解について、実のところ何をどのようにすればいいのかわからないとの声が多々聞こえてくる。このような

ことにより、介護労働者が人権をどのように意識して業務にあたるかについては、個々人の良心に委ねられているのが現状であると述べることは、決して過言ではないだろう。もし、個々人に委ねられているとすれば、介護労働者は人権をどのように意識しているのか、その現状を明らかにすることがまずは重要である。そして介護労働者は、日頃から介護業務にあたり何を大切にしているのか、また生業とするからには最低限意識しておくべき人権とは何かを理解することが必要であると考える。

2 調査項目と分析方法

　本調査では介護サービスに必要な人権に関する内容を、山本（2009）を参考として18項目準備した。複数選択可能として調査対象者が業務においてどれだけ項目内容を意識しているか、該当するものに○をつけてもらった。選択肢の内容は、介護労働者が業務遂行にあたって持つべき人権意識であり、「その他人権尊重について意識していること」を除いても、本来であれば全てを意識して業務にあたらなければならないものである。

　回答された調査項目ごとに単純集計をし、自治体別や事業所別などとのクロス集計を行った。

3 自治体別による人権に関する意識

　人口最多自治体と人口最少自治体では、全ての項目について双方同じような意識を持つ傾向がみられた。全体の5割以上が業務において意識していると回答された項目は、「利用者の個人の尊厳に対する意識」「利用者の言葉や身体表現による意思表明の尊重」「利用者に対する差別のない対応」「利用者の羞恥心への配慮」「利用者の自己決定の尊重」の5項目であった。

　「利用者の財産権の維持」「実質的平等と形式的平等の違い」「公共の

第8章　介護労働者の人権意識

福祉の意味」「人権の種類や内容や体系」「その他人権尊重について意識していること」の5項目は、全体の1割以下の意識状況であった（表8-1）。

表8-1　自治体別人権に関して意識していること

人権に関して意識していること （複数回答可）	人口最多自治体（市）n=463		人口最少自治体（町村）n=163	
	名	%	名	%
利用者の個人の尊厳に対する意識	366	79.0	123	75.5
利用者の言葉や身体表現による意思表明の尊重	331	71.5	105	64.4
利用者の財産権の維持	40	8.6	9	5.5
利用者の身体活動の自由	197	42.5	65	39.9
利用者の健康で文化的な生活の実現	160	34.6	53	32.5
利用者に対する差別のない対応	308	66.5	112	68.7
利用者の羞恥心への配慮	347	74.9	112	68.7
利用者および家族の各種情報に対する配慮	183	39.5	72	44.2
利用者の自己決定の尊重	326	70.4	109	66.9
利用者が求める施設運営に関する情報の開示	58	12.5	16	9.8
利用者の世界観や信条に対する配慮	97	21.0	29	17.8
利用者の宗教に対する配慮	64	13.8	20	12.3
利用者の自立した生活の実現	213	46.0	75	46.0
利用者と職員間あるいは利用者同士の人権の調整	147	31.7	52	31.9
実質的平等と形式的平等の違い	41	8.9	9	5.5
公共の福祉の意味	25	5.4	10	6.1
人権の種類や内容や体系	30	6.5	14	8.6
その他人権尊重について意識していること	8	1.7	1	0.6

出典：筆者作成

4 事業所別による人権に関する意識

ここでは、調査対象事業所別に集計し、人口最多自治体と人口最少自治体を比較した。

人口最多自治体において意識している割合が高かった項目は、「利用者の個人の尊厳に対する意識」「利用者の言葉や身体表現による意思表明の尊重」「利用者に対する差別のない対応」「利用者の羞恥心への配慮」「利用者の自己決定の尊重」の5つである。しかし、訪問介護事業所はこの5項目全てが低い意識率であった。訪問介護事業所が事業所別の中で意識率が最も低く、7割を超えたものがなかった。

人口最少自治体において意識している割合が高い項目は、人口最多自治体と同じ5項目であった。人口最少自治体の意識率の傾向は、老人保健施設の調査対象者数が少ないこともあるが、「利用者に対する差別のない対応」「利用者の自己決定の尊重」の2項目が他事業所よりも意識率が低いだけで、それ以外は全て高い意識率であった。

「利用者の財産権の維持」「実質的平等と形式的平等の違い」「公共の福祉の意味」「人権の種類や内容や体系」「その他人権尊重について意識していること」の5項目は、両自治体どの事業所においても意識率は低かった（表8-2、表8-3）。

5 経験年数別による人権に関する意識

介護労働者の経験年数を5群に分け、それぞれのグループが人権に関する意識をどのように持って業務に就いているかを分析した。その結果、全てのグループで2割に届かなかった項目は、「利用者の財産権の維持」「利用者の宗教に対する配慮」「実質的平等と形式的平等の違い」「公共の福祉の意味」「人権の種類や内容や体系」の5項目となった。これは、自治体別や事業所別で比較した項目と同じであった。

経験年数別に意識率を比較し、大きな差がみられた項目は6項目あっ

第8章 介護労働者の人権意識

表8-2 人口最多自治体 事業所別ホームで人権に関して意識していること

人口最多自治体（市） （複数回答）	特別養護老人ホーム n=111	老人保健施設 n=103	通所介護 n=80	訪問介護 n=57	グループホーム n=96
	%	%	%	%	%
利用者の個人の尊厳に対する意識	83.8	87.4	77.5	63.2	78.1
利用者の言葉や身体表現による意思表明の尊重	66.7	75.7	80.0	64.9	71.9
利用者の財産権の維持	11.7	7.8	5.0	12.3	8.3
利用者の身体活動の自由	43.2	52.4	36.3	22.8	50.0
利用者の健康で文化的な生活の実現	35.1	34.0	32.5	26.3	42.7
利用者に対する差別のない対応	67.6	70.9	76.3	52.6	61.5
利用者の羞恥心への配慮	76.6	81.6	76.3	59.6	75.0
利用者および家族の各種情報に対する配慮	37.8	44.7	42.5	35.1	37.5
利用者の自己決定の尊重	68.5	69.9	75.0	63.2	75.0
利用者が求める施設運営に関する情報の開示	14.4	13.6	13.8	10.5	11.5
利用者の世界観や信条に対する配慮	18.9	21.4	22.5	17.5	24.0
利用者の宗教に対する配慮	17.1	12.6	10.0	14.0	15.6
利用者の自立した生活の実現	50.5	43.7	40.0	42.1	52.1
利用者と職員間あるいは利用者同士の人権の調整	36.0	32.0	40.0	21.1	33.3
実質的平等と形式的平等の違い	9.9	9.7	8.8	10.5	9.4
公共の福祉の意味	9.9	5.8	2.5	1.8	6.3
人権の種類や内容や体系	7.2	9.7	2.5	5.3	6.3
その他人権尊重について意識していること	0.9	1.0	1.3	3.5	4.2

出典：筆者作成

5 経験年数別による人権に関する意識

表8-3 人口最少自治体 事業所別ホームで人権に関して意識していること

人口最少自治体（町村） （複数回答）	特別養護老人ホーム n=31	老人保健施設 n=10	通所介護 n=53	訪問介護 n=32	グループホーム n=24
	%	%	%	%	%
利用者の個人の尊厳に対する意識	71.0	100	77.4	78.1	79.2
利用者の言葉や身体表現による意思表明の尊重	71.0	90	62.3	68.8	58.3
利用者の財産権の維持	3.2	10	3.8	6.3	4.2
利用者の身体活動の自由	48.4	60	39.6	34.4	37.5
利用者の健康で文化的な生活の実現	32.3	40	35.8	34.3	29.2
利用者に対する差別のない対応	71.0	70	77.4	65.6	66.7
利用者の羞恥心への配慮	64.5	90	71.7	75	66.7
利用者および家族の各種情報に対する配慮	35.3	70	52.8	53.1	29.2
利用者の自己決定の尊重	74.2	60	69.8	78.1	54.2
利用者が求める施設運営に関する情報の開示	3.2	20	13.2	9.4	4.2
利用者の世界観や信条に対する配慮	19.4	40	17.0	28.1	0
利用者の宗教に対する配慮	16.1	30	17.0	3.1	0
利用者の自立した生活の実現	41.9	60	50.9	46.9	41.7
利用者と職員間あるいは利用者同士の人権の調整	25.8	60	30.2	37.5	25
実質的平等と形式的平等の違い	9.7	20	5.7	0	0
公共の福祉の意味	3.2	20	9.4	6.3	0
人権の種類や内容や体系	3.2	30	13.2	0	4.2
その他人権尊重について意識していること	0	0	1.9	0	0

出典：筆者作成

第8章　介護労働者の人権意識

た。最も差があった項目は「利用者および家族の各種情報に対する配慮」であり、経験年数3年未満と経験年数3年以上～5年未満において27.7ポイント差があり、経験年数3年未満の意識率が高かった。

「利用者の個人の尊厳に対する意識」は、経験年数20年以上と経験年数3年以上～5年未満で21.2ポイント差があり、経験年数20年以上の意識率が高かった。

「利用者と職員間あるいは利用者同士の人権の調整」では、経験年数20年以上と経験年数5年以上～10年未満で16.1ポイント差があり、経験年数20年以上の意識率が高かった。

「利用者に対する差別のない対応」は、経験年数3年未満と経験年数3年以上～5年未満において15.1ポイント差があり、経験年数3年未満の意識率が高かった。

「利用者の自立した生活の実現」は、経験年数3年未満と経験年数10年以上～20年未満で11.7ポイント差となった。経験年数3年未満の意識率が高かった。

「利用者が求める施設運営に関する情報の開示」は、経験年数20年以上と経験年数5年以上～10年未満で11.1ポイント差であり、経験年数20年以上の意識率が高かった。

「利用者の自己決定の尊重」は、経験年数が増すごとに意識する割合が高くなっている。経験年数の長短で比較すると、経験年数の長いグループが他のグループより意識率の高い項目は「利用者と職員間あるいは利用者同士の人権の調整」「実質的平等と形式的平等の違い」「公共の福祉の意味」であった。

経験年数が浅いと人権に関する意識が全体的に低いのではないかと考えがちであるが、本調査においては、経験年数の短いグループが高い意識率となった項目は比較的多く、3年以上～5年未満のグループよりも3年未満のグループにおいて意識率の高い項目がみられた（表8－4）。

5 経験年数別による人権に関する意識

表8-4 経験年数別人権に関して意識していること

経験年数別（複数回答可）	3年未満 n=55		3年以上～ 5年未満 n=62		5年以上～ 10年未満 n=149	
	名	%	名	%	名	%
利用者の個人の尊厳に対する意識	43	78.2	39	62.9	110	73.8
利用者の言葉や身体表現による意思表明の尊重	42	76.4	40	64.5	100	67.1
利用者の財産権の維持	5	9.1	4	6.5	5	3.4
利用者の身体活動の自由	24	43.6	25	40.3	58	38.9
利用者の健康で文化的な生活の実現	27	49.1	25	40.3	44	29.5
利用者に対する差別のない対応	42	76.4	38	61.3	107	71.8
利用者の羞恥心への配慮	42	76.4	44	71.0	103	69.1
利用者および家族の各種情報に対する配慮	33	60.0	20	32.3	53	35.6
利用者の自己決定の尊重	36	65.5	42	67.7	102	68.5
利用者が求める施設運営に関する情報の開示	6	10.9	8	12.9	14	9.4
利用者の世界観や信条に対する配慮	11	20.0	13	21.0	25	16.8
利用者の宗教に対する配慮	6	10.9	9	14.5	16	10.7
利用者の自立した生活の実現	31	56.4	29	46.8	68	45.6
利用者と職員間あるいは利用者同士の人権の調整	15	27.3	20	32.3	37	24.8
実質的平等と形式的平等の違い	5	9.1	6	9.7	9	6.0
公共の福祉の意味	3	5.5	5	8.1	8	5.4
人権の種類や内容や体系	4	7.3	7	11.3	10	6.7
その他人権尊重について意識していること	1	1.8	1	1.6	4	2.7

出典：筆者作成

6 役職の有無による人権に関する意識

　役職の有無に関わらず「利用者の財産権の維持」「実質的平等と形式的平等の違い」「公共の福祉の意味」「人権の種類や内容や体系」の4項目は、全体の1割以下の意識状況であった。その他の項目については、役職の有無において大差があるものはなく、業務における意識状況は類似的な特徴を示した。役職があることによって、業務中に人権を意識することが多くなるものでもないようである（表8－5）。

7 介護労働者の人権感覚

　介護労働者は、「尊厳」や「尊重」という言葉を用いる機会が多い。利用者のことを真に思い、用いられる場合もあれば、介護労働者に都合良く用いられている場合もある。

　本調査では人口別自治体による比較、事業所種別や調査対象者の経験年数別による比較などを行ったが、「利用者の個人の尊厳に対する意識」「利用者の言葉や身体表現による意思表明の尊重」「利用者に対する差別のない対応」「利用者の羞恥心への配慮」「利用者の自己決定の尊重」の項目は、総じて意識している結果となった。反面「利用者の財産権の維持」「利用者が求める施設運営に関する情報の開示」「利用者の世界観や信条に対する配慮」「利用者の宗教に対する配慮」「実質的平等と形式的平等の違い」「公共の福祉の意味」「人権の種類や内容や体系」といったことは、意識されにくいことが明らかとなった。介護労働者の業務内容を顧みると、利用者に提供する身体的介護が中心であるため、基本的日常生活動作（ADL）を支援することに関係のある人権は良く意識されているものの、利用者の精神世界や間接的援助となるような人権については、あまり意識されていないという現状が浮き彫りとなったといえる。

　法に規定された「尊厳」はその実態を予め示しているものではなく、また、どうすれば尊厳になるかという具体的な答えも法は示していない

7 介護労働者の人権感覚

表8-5 役職有無別人権に関して意識していること

役職の有無別（複数回答可）	役職あり n=266 名	役職あり n=266 %	役職なし n=354 名	役職なし n=354 %
利用者の個人の尊厳に対する意識	212	79.7	276	78.0
利用者の言葉や身体表現による意思表明の尊重	185	69.5	250	70.6
利用者の財産権の維持	25	9.4	23	6.5
利用者の身体活動の自由	117	44.0	144	40.7
利用者の健康で文化的な生活の実現	88	33.1	123	34.7
利用者に対する差別のない対応	170	63.9	249	70.3
利用者の羞恥心への配慮	200	75.2	259	73.2
利用者および家族の各種情報に対する配慮	112	42.1	141	39.8
利用者の自己決定の尊重	196	73.7	238	67.2
利用者が求める施設運営に関する情報の開示	35	13.2	38	10.7
利用者の世界観や信条に対する配慮	56	21.1	67	18.9
利用者の宗教に対する配慮	45	16.9	38	10.7
利用者の自立した生活の実現	120	45.1	167	47.2
利用者と職員間あるいは利用者同士の人権の調整	92	34.6	105	29.7
実質的平等と形式的平等の違い	24	9.0	26	7.3
公共の福祉の意味	16	6.0	19	5.4
人権の種類や内容や体系	21	7.9	23	6.5
その他人権尊重について意識していること	5	1.9	4	1.1

出典：筆者作成

のである。法や規定を守るためにも、介護労働者が行うべきことは倫理規範とした行動レベルによる規範が重要となる。それらは、介護労働者の資格取得時の学修において職能団体による倫理綱領や、事業所における倫理綱領により行動規範が明示されている。行動規範は遵守すべき行動の最低限を言語化し、また禁止行為をも包含したものである。利用者

の支援はこれらの行動規範に照らしながら自己点検することが、人権を意識した支援につながっていくはずである。介護労働者は自分には人権は関係のないものとするのではなく、常日頃から自らの行為を考えながら業務を行うことにより、人権を意識する感覚を身に付けていくことが重要となる。

8 個人の尊厳とは

　山本（2009）は、基本的人権を語るときに「個人の尊厳」という表現をしている。ここには山本の人権に関する思いが込められており、憲法学の通説を基に、「個人の尊重」と「人間の尊厳」などの言葉は全て同じ概念とし、「個人の尊厳」としているのである。本書においても「個人の尊厳」という表現をしていく。

　日本国憲法第13条は、「すべて国民は、個人として尊重される」と定められている。秋元（2015：8）は個人主義的幸福追求として、「権利主体としての個人が、自ら価値があると考える生き方や行為を主体的に選択することが前提とされている」と述べている。個人の尊厳は一人ひとりがかけがえのない存在として、誰からも大切にされなければならないものであるが、利己主義とは性質を異にしており、個人の尊厳とはただ単にわがままを助長するものではなく、公共の福祉に反しない限りという大前提のもとに認められるものである。それぞれの個人が自分の人権を貫けば、相手の人権と衝突が起こりどちらかが人権侵害を被ることになる。それらの衝突を回避したり妥協点を見い出したりするためには、人権に制約をかける必要があり、その制約原理こそがいわゆる公共の福祉というものになると考える。

　公共の福祉が日本国憲法で明記されているものは他に、第12条、第22条、第29条がある。介護労働者が順守しなければならないのは、特に「利用者の言葉や身体表現による意思表明の尊重」「利用者の財産権の維持」「利用者の身体活動の自由」などがある。これらに対して人権衝突が起

こらないように、また公共の福祉に反しないようにしなければいけないのであるが、本調査項目でいえば「公共の福祉の意味」を意識しているかどうかについて、総じて意識率は低く、経験年数20年以上の11.4％を除き全ての経験年数において1割以下と非常に低い状態になっている。

　「個人の尊厳」と「公共の福祉」に対する意識が、何故これほどまでに差がつくのか、筆者はそれを高齢者介護の政策的展開と何らかの関係があると考える。わが国における福祉施策の措置制度は長い歴史があり、措置制度による入所施設等における処遇は「集団処遇」を基本としていた。利用者も行政も、そして介護サービスの委託を受ける施設職員も、措置である「お上の施し」としての福祉は、個人の自由や権利主張よりも先に、集団生活における秩序を重んじ、収容所的意味合いや対応による介護を行ってきたことも歴史の事実としてある。これらわが国の特別養護老人ホームにおける処遇の歴史を、日本弁護士連合会（2012）の意見書からも垣間見ることができる。

　介護サービスに契約という権利意識の萌芽は、周知のとおり介護保険制度施行による。施設サービスにおいては介護保険施行と同時ではなく若干遅れながらも、厚生労働省の施策により集団処遇から個別ケアへの転換が推進され、ユニットケアや多床室から個室整備へとハード面での整備が進んだ。このことは介護労働者が利用者を個人として尊重することへの傾注と、公共という集団性への意識の希薄さを同時に巻き起こした出来事として捉えられる。それらの経時変化は、介護労働者の意識改革をもたらし、その現れが本調査結果における意識の高低となったと考える。

　平成15（2003）年に発表された高齢者介護研究会の「2015年の高齢者介護〜高齢者の尊厳を支えるケアの確立に向けて」によると、「ユニットケアの普及—施設においても個別ケアを実現する」ことや「痴呆性高齢者[注]ケアの普遍化」として、今後の介護の方向性は認知症ケアを介護におけるスタンダードモデル化していくことが挙げられた。これを皮切りに、わが国においても認知症ケアの学びが深められてきた。中でもト

ム・キットウッド（2005）が提唱した「その人を中心としたケア（パーソンセンタードケア）」の原則は、認知症ケアの大前提である。歴史的背景を踏まえながら、介護労働者には個人を重視する考え方が大きく影響し定着しつつある。

さらに、介護労働者の多くは有資格者であり、自らの業務のあり方の多くを専門職能団体による倫理綱領を拠り所としている。一例を挙げれば、日本介護福祉士会倫理綱領においては、「介護福祉士はすべての人々の基本的人権を擁護し」と明記しているのである。倫理綱領は、専門職たるにふさわしい行動指針を明文化し、有資格者としての質を担保しているものである。

9 利用者にとっての財産権

人は自らの生活を維持するために財産を有するのであり、この財産権は日本国憲法第29条に規定されている。財産の多寡は人の生活の豊かさの指標でもあり、財産を多く持つ者とそうでない者による格差は、社会問題の一つでもある。介護保険制度以前は、福祉サービスを必要とする人の多くは財産を持たないか、わずかに持っている場合が多かった。しかし、近年この考え方は高齢化社会問題とともに変化している。豊かな財産を所有しながらも財産を維持することができない人、例えば認知症の人など、判断能力が低下し、日常生活に支障をきたす人などが現れ、新たな福祉問題に直面することとなった。加齢による心身機能低下や認知機能低下の発症により、介護サービスを利用するとともに、財産権を維持するために必要な社会サービスを利用せざるを得ないのである。

少ない財産の保有者や無財産者の場合には、生活の質を維持向上させるために利用者の財産の保持をいかに支援するか、また多くの財産を保有する場合には、悪意のある者からの財産侵害をいかに守り、有効な財産活用で生活の質を保証していくかという、財産所有の多寡に関わらず、福祉サービスにアクセスする利用者の支援が必要な時代となったのであ

る。

　これらの点からも、介護労働者においては権利擁護の視点を持つ必要がある。しかし、介護労働者においてはその職種の違いから、医療サービスの提供、身体介護サービスの提供、日常生活支援サービスの提供など介護サービス提供内容が専門分化していることが少なくない。そのためか、筆者の経験則やこのアンケート内容からして、介護労働者は自分の専門以外のことに意識を向けることが極端に少ないのではないかと考えられる。本調査の「利用者の財産権の維持」に関する意識率は、人口最多自治体の訪問介護従事者は12.3％、経験年数20年以上の者13.6％となった以外はほとんどが1割以下となった。この背景には、金銭に関わる支援は利用者からの疑いや誤解に発展するリスクがあり、リスクを回避する意識が介護労働者に働き、極力財産に関することには関わらないようにしたいという気持ちが含まれていると推察できる。

10　価値観

　本調査において列挙した人権に関する意識をどのように感じるかという、いわば人権感覚とでもいうものは、回答者の価値観を非常に反映するものである。本来は全ての人権に関する内容を意識して業務にあたることが望ましいため、全ての項目を意識していると回答されるべきはずのものなのだが、本調査結果においては意識の高低がはっきりと現れた。これは、介護労働者が人権に関する内容について、自身の価値基準に従い順序付けを行ったとも考えられる。とりわけ「利用者の個人の尊厳に対する意識」「利用者の言葉や身体表現による意思表明の尊重」「利用者に対する差別のない対応」「利用者の羞恥心への配慮」「利用者の自己決定の尊重」などの項目は、専門職養成課程において幾度となく耳にする言葉である。介護労働者においては無意識のうちに繰り返される言葉が脳裏に刷り込まれ、頻回に触れる言葉は介護労働者の業務において非常に大切なものという価値観が形成されたものと考えることができる。一

第8章　介護労働者の人権意識

方、聞き慣れない言葉は介護労働者により無意識に自ら価値あるものと捉えている項目と比較され、順序付けされたり除外されたりした結果、業務において意識しないものという結果になったと推測される。

　この傾向は、役付き職員となっても経験年数が長くなっても大きく変わることがないということも本調査から示唆された。介護労働者にとって役付き職員になることによって、利用者の人権に関する意識を深めていくというより、組織マネジメントのような新たな分野の知識獲得に費やす学習時間が多くなっていくと考えることができる。もしかしたら、介護職場では人権感覚はある一定レベルに達すると、更に学習していこうとする意識が無くなってしまう現状なのかもしれない。

　本調査の人権に関する内容について立場を変えて利用者視点に寄れば、その価値はまた違ったものとなるだろう。利用者にとっては人権の全ての項目を大切にして介護してもらいたいものであるだろうし、公的な介護サービスだからとして全体に画一的な配慮を重んじるよりも、個々の事情に即応した実質的平等を求めることも絶対的に必要とされるものであろう。そうすれば利用者の価値基準による人権感覚と、介護労働者の価値基準による人権感覚は接近して来るはずである。しかし、本来一致すれば最良の関係となり得るものの、一般的には一致しないため必ずといってよいほど摩擦が生じることは明白な事実としてある。利用者と介護労働者が価値観を対立させ、譲り合わないという状況では支援関係が成り立たないため、対立する欲求を統合させ「利用者と職員間あるいは利用者同士の人権の調整」を図らなければならない。そのためにも介護労働者は人権という言葉を念頭に置いて行動しなければならないのである。

11　人権感覚と高齢者虐待の関係

　箕輪・稲葉（2008：80）は、介護労働者の権利として、「疲れていればミスも起きるし、自らが楽しく生き生きと労働していなければ、ケア

を受ける高齢者を傷つける（心無い一言、手抜きのケア）ことにもなりかねない」と述べている。箕輪・稲葉のいう介護労働者の権利とは、労働条件や環境の劣悪さに対して、介護労働者は労働条件整備について声を上げる義務があり、そうすれば劣悪な環境改善はケアの質の低下を防止することになるという考え方だといえる。

　先述した不適切なケアの視点からこれらを考えると、施設においては常時「人手が足りない」状況にあり、業務中の「休憩が取りにくい」状態となり、「身体的負担が大きい」と感じることのみならず、「精神的にきつい」状態という悪循環の労働環境が発生している。そして、疲れによるミスが頻発しやすくなり、手抜きケアとされる「不適切なケア」が起こるとともに、うかつとも取れる心無い一言によって「ミスコミュニケーション」が発生し、人権感覚を麻痺させてしまう。そのような労働環境が、介護労働者による高齢者虐待を誘発させるのである。

　それでは利用者に対する言葉かけはどうすれば良いかといえば、コミュニケーションスキルトレーニングも当然必要であるが、個別の能力だけを改善しようと取り組んで、介護労働者が研修漬けとなり、疲弊してしまうような最悪な労働環境であってはならない。労働環境が整うことにより研修参加も労働荷重にならず、研修内容を十分に理解できるようになって初めて、人権感覚は研ぎ澄まされていくものである。「人権感覚のなさ」と「不適切なケア」と「虐待」は一連の流れであり、表裏一体で存在している。そして、介護労働者の研修による能力向上が先か、介護労働者の労働環境改善が先かというものではなく、両方が大事なのであるが、強いていえば、わが国の介護の現状を考えれば介護労働者の労働環境整備が最優先事項であるといわざるを得ない。

　利用者には多様な価値観があることを尊重しケアするためには、様々な権利が対立することが当然であるという前提条件が必要である。多様であるからこそ、一律に規定することができないものであり、常に介護労働者は自らの実践を振り返りながら、人権侵害を防止する業務を行っていかなければならない。判断困難な場面は日常に多くあることで、自

らの実践がもたらす利益と不利益を具体的に列挙し検討することをその都度行っていく態度が、人権感覚には重要である。

また、介護労働者が自らの具体的実践に引き寄せて、人権感覚を研ぎ澄ますためのトレーニング方法を見つけていくことが今後の課題である。

【注】
　本章では、認知症を当時の原文のまま「痴呆」と表記している。「痴呆」という用語は、ネガティブなイメージが強く、当事者に対し侮蔑的な烙印を押すことにもつながっていた。平成16（2004）年には、社会に存在する偏見や誤解を変革し無くすため「認知症」へと用語が変更された。

【参考文献】
秋元美世・平田厚（2015）「社会福祉と権利擁護　人権のための理論と実践」有斐閣
トム・キットウッド（高橋誠一訳）（2005）「認知症のパーソンセンタードケア」筒井書房
箕岡真子・稲葉一人（2008）「ケースから学高齢者ケアにおける介護倫理」医歯薬出版
山本克司（2009）「福祉に携わる人のための人権読本」法律文化社
法務省人権擁護局「平成27年度版人権の擁護」
　http://www.moj.go.jp/content/001154456.pdf（2015.10.3）
高齢者介護研究会「2015年の高齢者介護〜高齢者の尊厳を支えるケアの確立に向けて〜」
　http://www.mhlw.go.jp/topics/kaigo/kentou/15kourei/index.html（2015.10.3）
日本弁護士連合会「特別養護老人ホームにおける個室・ユニットケアに関する意見書」
　http://www.pref.kanagawa.jp/uploaded/attachment/500892.pdf（2015.10.3）

第9章
感情労働と介護労働者による高齢者虐待

1 介護労働者による高齢者虐待の公表の裏側

　第1章では高齢者虐待防止法第25条に「高齢者虐待の状況の公表」が規定されていることから、都道府県は毎年度公表を行っていることを述べた。そして、この制度が介護労働者による高齢者虐待防止に役に立ってはいないのではという疑問を筆者は提起した。役に立っていないとする理由については、公表の方法とその公表する内容の問題だと考えるからである。

　ここまで筆者は、何とか「高齢者虐待の状況の公表」が介護労働者の役に立つもので、この制度によって高齢者虐待が無くなることができればと考えるように努めた。しかし、実態は虐待判断件数が物語っているとおり、介護労働者による高齢者虐待の判断件数は全く減っていないこと、「高齢者虐待の状況の公表」では判断件数はわかるが、具体的な内容が全くわからないことからも、「高齢者虐待の状況の公表」には何か隠されたものが存在するのではないかという、疑いの眼差しが強くなるばかりであった。

　介護労働者による高齢者虐待が無くなることは、当然のことながらサービス利用者の人権を尊重することに直接つながるが、その他にも高齢者虐待がもたらすコスト削減につながることにもなる。ここでいうコストとは、虐待の有無について調査する人的コスト、虐待と判断するための当事者聞き取りという調査を受ける者の精神的コスト、利用者やその家族が一時的にせよ精神的に不安定になるという副次的な精神的コストもあり、それらのコストについてどれほど考える人がいるのだろうか。コストの存在を介護労働者による高齢者虐待に関係する全ての人間が理

解し、その意識を業界全体が持っているのかという点において、筆者は非常に強い疑問を感じている。これらのコストを考えるならば、「高齢者虐待の状況の公表」の目的である「高齢者虐待の防止に向けた取り組みに反映していくことを着実に進める」ということがしっかりと行われ、虐待防止がなされなければ全く意味をなさない。

　このようなことから筆者は「高齢者虐待の状況の公表」の裏側、つまり行政の内部を少しでも明らかにする必要性を感じ、行政の持つ情報を開示してもらい、介護労働者による高齢者虐待の防止に向けた取組に反映させなければならないと考えた。そこで、平成27（2015）年8月から同年12月にかけて、全国都道府県の高齢者虐待担当部署に対して情報公開法に基づく開示請求権を行使し行政文書の開示を請求した。請求文書は「高齢者虐待の状況の公表」が行われた平成18（2006）年度分から平成24（2012）年度分までとし、高齢者虐待防止法第22条による市町村長からの虐待の報告について郵送による写し等の供与を求めた。

　その結果、平成18（2006）年度以降虐待判断件数ゼロ件の徳島県を除く1都1道2府42県より行政文書の開示がなされた。その結果、次に示すことが明らかとなった。

2　行政文書保存の問題

　行政文書の開示請求を行った都道府県全てに対し、個人が特定される情報部分のマスキング作業を願った。本請求で特に重視したことは、法第22条の報告書に記載されている「確認できた虐待の状況」（虐待の種別、内容、発生要因）である。これまでWEBによる「高齢者虐待の状況の公表」において、虐待の内容や発生要因に関する情報を公表している自治体は、ほんのわずかであることも第1章で紹介したとおりである。

高齢者虐待防止法第22条による市町村からの報告内容（第１章より再掲）

①虐待の事実が認められた養介護施設・養介護事業者の情報
　（名称、所在地、サービス種別）
②虐待を受けた高齢者の状況
　（性別、年齢、要介護度その他の心身の状況）
③確認できた虐待の状況（虐待の種別、内容、発生要因）
④虐待を行った養介護施設等従事者の氏名、生年月日及び職種
⑤市町村が行った対応
⑥虐待を行った施設・事業所において改善措置が行われている場合にはその内容

　介護労働者による高齢者虐待判断件数は、平成18（2006）年度から平成24（2012）年度までの累計で664件である。このことについて、行政文書の開示がなされた件数（筆者に郵送開示された件数）は549件となった。

　結論としては、全てを開示してもらうことができなかったことになるが、これには正当な理由があった。行政文書の開示請求後に届いた「行政文書部分開示決定通知書（自治体によっては、「公文書一部開示決定通知書」となっている）」に、開示しない理由として、公文書保存期間終了により破棄していることが記載されていた。つまり、行政の条例により文書保存期間を超過した文書は破棄されたために、行政文書の開示請求を行っても事実を知ることができないという実態に直面したのである。

3　状況の公表との乖離

　行政文書の開示がなされた549件を都道府県ごとに、WEBで公表されている高齢者虐待の状況に照らしながら、その件数をカウントしていく

と、件数の合わない自治体がいくつか存在した。公表件数と開示結果件数の違いには単純に件数が合わないものと、総数は合っているが年度が合わないものの2つのタイプがあった。前者は、①虐待調査開始の段階から市町村ではなく県が対応し、調査判断を行ったことにより市町村からの書類が存在しないこと、②書類として報告されていないが都道府県が調査に入ることによって、虐待の判断に関わることから、情報として知り得ていて件数カウントしていること、③単に市町村から書類が提出されていないことが理由であることがわかった。後者は、市町村からの報告はあったが書類提出が年度をまたいだことが理由のようである。

　さらに驚くべきことは、WEBで公表されている高齢者虐待判断件数のカウントの仕方である。開示がなされた549件について、虐待を受けた高齢者の状況をみると、書類には複数人の被虐待者の存在が記載されている。つまり、WEBで公表されている判断件数は、虐待発生に対応した件数が表示されているのであって、実人数の公表ではないという新たな事実を知ることとなった。そして、それらの書類には被虐待者一人ひとりの状況が記載されているものもあれば、「複数」と記載されているもの、また「不明」と書かれたものまで存在していた。もはや、介護労働者による高齢者虐待の実被害者数を把握することは当該調査では困難極まりないという、あきれ返るような事実を受け止めなければならなくなった。同様のことが虐待者についてもいえ、虐待者が単独ではなく複数と書かれている報告書もあった。1人の被虐待者に対して、複数の介護労働者が虐待する、複数の介護労働者によって複数の被虐待が存在するといったケースもあった。

　よく介護労働者による高齢者虐待は氷山の一角と表現されるが、それは内部通報がされないことや被虐待者が認知症などであり発見しにくいなど、特有の施設状況によるものだという認識を超えて、WEBで公表されている判断件数自体が氷山の一角であり、その水面下には相当数の被虐待者があり、残念なことにこの状況はWEBからでは伝わらないのである。

これまで、この事実を誰が知り得たであろうか。少なくとも筆者は、一般国民の立場で知り得る限りの情報をWEBから得ようと努力してきた。しかし、このような法第22条に規定する全ての文書が揃っていないという事実は、WEB上からは知る由もなかったのである。なぜこのような行政によって異なる取り扱いになるのか、そして高齢者虐待防止法の意義、法第22条の意義とは何だったのか、改めて疑問が増すばかりの結果となってしまった。

4 行政文書開示の差異

　行政文書の開示は都道府県ごとの条例によってなされているため、開示しない部分の取り扱いも自治体間における温度差があることがわかった。本来、国がこういうものを出して欲しいとしたのであれば、提出内容に各自治体の裁量が及ぶということはないはずだと理解していたが、そんなことはないということもわかった。個人が特定される部分をマスキングすることを行政文書の開示請求時の際に依頼したつもりなのだが、あにはからんや開示決定通知書を受け取ってみて、筆者が最も必要としていた「虐待の発生要因」や「虐待の発生内容」等の情報が開示されない自治体があることを初めて知ることとなった。

　行政文書開示の仕方であるが、例えば「虐待の発生内容」の場合には、通常その内容に個人情報が特定されるようなものの部分にのみマスキングされ、その他の文章を読むことができる状態で郵送されてきた。ほとんどの自治体は部分的マスキングによって文書開示がなされたのだが、神奈川県、岐阜県、奈良県、鹿児島県の4県については、WEB上で公開しているもの以外の情報はすべて塗りつぶされ、何も読みとれない状況で文書が届いたのである。つまり、マスキングで文書がまっ黒な「ノリ弁状態」なのである。この4県についてはWEB上と行政開示請求のいずれからも、虐待がどのように起きたのか、どのような虐待が行われたのかを知ることも、高齢者虐待防止に役立てる内容を見付け出すこと

第9章　感情労働と介護労働者による高齢者虐待

もできない状態にある。

　また、虐待の発生内容について市町村の書類には「別紙の通り」と書かれているにも関わらず、別紙ごと情報開示する自治体と別紙を情報開示の対象と取り扱わない自治体という差もあった。市町村レベルでは丁寧に別紙を作成し都道府県へ報告しているが、都道府県の情報開示に値しないとする判断の取り扱いにより、結果として高齢者虐待防止に役立てるための情報を見つけ出すことができないものもあった。

　さらに、市町村レベルの法第22条報告書の取り扱いの差異であろうか、1つの報告書に実人数を記載する市町村と、被虐待者ごとに1つの報告書を作成するためにそれぞれが報告件数としてカウントされている自治体が存在した。

　どの報告方法が正解なのか、どのように厚生労働省の担当部署による指導がなされているのか、全くもって不明である。この度行政文書の開示請求を行った結果、表面からの数字と実態の乖離があまりにも大き過ぎることを問題視し、法第22条の運用を改めて問う必要があるものと考える。現行の公表の目的である「高齢者虐待の防止に向けた取り組みに反映していくことを着実に進めること」は、このような行政の実態からみるに、果たして目的は達成されていると言い切れるだろうか。法の目的を達成させるための手立ては十分に講じられているといえるのだろうか。

　何のために「高齢者虐待の状況の公表」に関する内容を行政だけのものとしているのか、また、保存年限を定めて書類が破棄されるのか、行政のその意図は非常に理解しがたく、本調査を進めながら怒りさえも感じている。仮に、文書量が膨大になるという理由をもって保存年限を定め破棄されるのであれば、それは正当な理由とはなり得ないのではないだろうか。なぜなら、平成24（2012）年度までの介護労働者による高齢者虐待の判断件数が合計して一桁である都道府県は、地方を中心として半数を超えているからである。法第22条の趣旨に沿って介護労働者による高齢者虐待を防止し、虐待が起こらない土壌をつくることに努力すれ

ば、虐待の発生件数はゼロになるはずであると考える。虐待発生がゼロになれば、文書そのものの量が減ることになる訳である。そもそもスタート時点から、なぜ介護労働者による高齢者虐待文書に関しては永年保存に値するとしなかったのかという点が不思議である。厳しい言い方になるが、行政は法に規定されたことさえすれば良いというものでなく、本気で介護労働者による高齢者虐待防止に貢献していかなければ、先述したコスト削減とともに、利用者も介護労働者も高齢者虐待の不幸から脱することができなくなる。

5　介護労働者の現状

　現在の介護サービスは、当然ながら介護保険制度によって運営されている。介護保険制度施行以前は措置時代であり、平成12（2000）年4月を契機に高齢者介護は大転換をしたことになる。措置時代には、介護サービスが必要な場合に行政へ申請を行い、資産状況や家族状況等が調査された後に、行政処分として措置決定通知書をもって施設入所やホームヘルパー利用が可能となったのである。しかし、あくまで行政処分であるため、入所施設を選ぶことやホームヘルパーのサービス内容を選ぶなどの自由は認められなかった。わが国の歴史には「介護は家族が行うものであり、家族の中でも女性が担う」という暗黙のルールが社会一般にあった。介護サービスを利用する者への人権意識が乏しく、措置とはお上からの施しであり、貧しき者へ手を差し伸べる意識が蔓延していた。長年、福祉を受けることは恥であったり、侮蔑される出来事だと捉える風潮もあった。また、施設基盤整備などでは行政計画に基づいた建設がなされ、行政介入による規制によって自由参入がし難い反面、行政によって守られていたともいえる。

　生活様式の変化と共に家族による介護が困難となり、介護の社会化を掲げ介護保険制度が施行された。この介護保険制度は措置時代の弊害を解消することをも目的とされ、契約主義による運営に制度変更がなされ

第9章 感情労働と介護労働者による高齢者虐待

表9-1 介護労働者による高齢者虐待判断件数と行政文書開示数

	平成18年度判断件数	平成19年度判断件数	平成20年度判断件数	平成21年度判断件数	平成22年度判断件数	平成23年度判断件数	平成24年度判断件数	合計判断件数	開示回答数
北海道	1	3	3	4	9	6	5	31	24
青森県	0	2	0	1	0	0	0	3	3
岩手県	3	0	1	0	0	0	0	4	1
宮城県	0	1	2	0	1	3	1	8	8
秋田県	0	3	0	0	0	0	0	3	3
山形県	1	1	1	0	0	0	2	5	5
福島県	0	1	2	4	3	1	4	15	15
茨城県	0	2	0	0	4	2	3	11	11
栃木県	0	0	0	1	0	0	1	2	2
群馬県	1	1	0	2	0	1	4	9	7
埼玉県	2	5	5	6	6	5	6	35	17
千葉県	3	0	2	2	10	4	6	27	24
東京都	4	3	5	6	10	16	18	62	36
神奈川県	6	6	6	8	8	17	12	63	65
新潟県	0	1	2	2	0	0	2	7	7
富山県	0	0	1	0	0	1	0	2	1
石川県	2	2	1	2	0	1	8	16	15
福井県	1	0	0	1	1	0	3	6	6
山梨県	1	0	0	1	1	1	1	5	3
長野県	1	1	0	0	0	4	4	10	8
岐阜県	3	0	1	1	0	0	2	7	2
静岡県	1	1	3	0	0	1	4	10	9
愛知県	0	0	0	3	4	11	4	22	21
三重県	1	2	3	3	0	3	3	15	9
滋賀県	0	0	2	0	0	0	0	2	2
京都府	2	0	0	2	2	0	1	7	7
大阪府	4	3	7	7	6	12	7	46	45
兵庫県	2	2	4	1	3	12	14	38	18
奈良県	0	1	0	1	0	2	1	5	5
和歌山県	0	1	1	1	0	2	2	7	7
鳥取県	0	0	0	2	1	1	1	5	4
島根県	0	3	0	0	3	1	1	8	8
岡山県	1	1	0	1	0	2	2	7	5
広島県	2	2	0	3	3	12	7	29	25
山口県	0	0	0	0	0	1	0	1	1
徳島県	0	0	0	0	0	0	0	0	0
香川県	0	1	1	1	2	1	2	8	5
愛媛県	2	4	5	0	1	1	3	16	12
高知県	0	3	5	2	2	3	2	17	14
福岡県	3	3	2	2	5	6	6	27	21
佐賀県	1	0	1	0	1	0	1	4	5
長崎県	1	0	2	1	1	3	2	10	9
熊本県	0	0	0	1	3	7	4	15	22
大分県	0	0	1	0	0	1	0	3	3
宮崎県	0	0	0	2	4	4	4	14	14
鹿児島県	2	3	1	0	1	1	2	10	5
沖縄県	3	0	0	1	1	3	0	8	5
合計	54	62	70	76	96	151	155	664	549

出典：筆者作成

た。その結果、シルバー産業への参入企業が増加し、多くの高齢者が介護保険サービスの恩恵を受けたのである。介護保険制度により福祉産業に市場原理が導入され、条件を満たせば介護保険事業を営むことができるようになったことから、市場には介護保険事業所の量産化に伴い専門職争奪が巻き起こった。

しかし、それも束の間で、介護保険事業所は増えるが人手が確保できにくいという状況が発生し始めたのである。人手確保の至難さの原因は様々に語られている。例えば、平成17（2005）年度の入学者をピークに、介護福祉士養成校の学生確保の困難さにより、人材輩出量の不足を招いていることがある。介護現場で働く専門職を量産できない状況にも関わらず、市場のパイは広がり続け、要介護者と施設や介護サービス事業所は増え続けている。介護に従事する専門職養成受講者離れの原因は明確には解明されていない。しかし、介護保険制度施行から5年経過すると、その職業の現実が理解できるようになったのも事実であろう。措置時代には見えなかったものが見え始めたといえる。

平成18（2006）年4月には、初めて介護保険法改正がなされ、地域包括支援センターが誕生し、介護保険制度は新たな局面を迎えた。介護保険制度の要とされるケアマネジャー受験者動向からも変化を見出すことができる。平成10（1998）年に開始されたケアマネジャー第1回目試験における受験基礎資格は、看護師等の医療系有資格者が介護福祉士資格所持者よりも多かった。平成15（2003）年第6回試験において看護師等資格所持者33.7％と介護福祉士資格所持者33.3％の比率がほぼ同率となり、平成16（2004）年第7回試験では比率が逆転し看護師等資格所持者30.1％と介護福祉士資格所持者37.0％となった。それ以降、看護師等資格所持者よりも介護福祉士資格所持者の比率が高くなり、平成18（2006）年第9回試験では看護師等資格所持者の受験比率は、平成15（2003）年の半分以下の13.4％となった。ケアマネジャーという職業に対しては、資格試験誕生時には医療業界からも注目を浴びたが、経時変化によって医療職より魅力を感じられない資格となっていったことがわかる。魅力

第9章　感情労働と介護労働者による高齢者虐待

の無さは職業の現実であり、奇しくも平成18（2006）年は改正介護保険法施行の年でもあった。この改正では介護報酬引き下げが行われ、介護労働者の給与面へ大きく影響が及んだ。

　翌年平成19（2007）年6月には、介護保険制度史上の大事件ともいえる「コムスンショック」が起こった。実際には勤務していない職員が勤務していたかのように装い、不正に報酬を受け取っていたことにより、介護保険制度施行当初から全国展開していた企業であるコムスンが廃業せざるを得なくなったのである。この一件において、コムスンが契約していた顧客を巡り「介護難民」という言葉も出現した。

　その後、社会現象でもあるかのように介護業界のネガティブキャンペーンが繰り広げられた。介護業界のネガティブキャンペーンとは、介護の仕事を「きつい、汚い、給料が安い」の3Kであるとマスメディアによって放映されたことが引き金となったものであり、それ以降、介護労働市場では人材不足が起こっているとする考え方である。辻本（2008）は、当時NHKが取材した世田谷区内の施設の報道がきっかけで、介護業務に対する偏見をマスコミが持ったままの報道によって、3K職場を印象付けたとしている。さらに、辻本は「介護職の自尊心を傷つけ、その士気低下を招くとともに後継者の養成を妨害している」とも提言書に綴っている。

　それまで介護人材不足については、景気に左右されるという見方が一般的であった。景気が良いと企業や工場への就業者が多くなり、景気が低迷し企業によるリストラの対象となった労働者が介護業界に流れてくる。そして再び景気が良くなると労働者は介護業界を辞めて、企業や工場へ戻っていくという現象があった。しかし、平成20（2008）年のリーマンショック後は、離職率は若干改善したものの、人材不足感を補うには至っていないのである。

　本書では、ネガティブキャンペーンの犯人捜しをするつもりはないが、このような介護業界の変遷を辿ってみると、介護人材不足をつくった制度の欠陥も見えてくるものである。

6 介護労働者と感情労働

　堀之内（2004）は、介護現場で働く人たちは「現実を打開できないことへの自分に対する怒りを感じ」ているが、それは仕事に対する不満足によるものとしている。具体的にどのような不満足が介護労働者自身にあるかについて、堀之内は自分自身への不満足と上司に対する不満足として説明している。自分自身に対する不満足は6点（表9－2）、上司に対する不満足が7点（表9－3）挙げられ、これらは介護労働者の怒りとして蓄積されストレスになっていくのである。

表9－2　自分自身への不満足

自分自身への不満足	具体例
①時間に追いまくられる	・施設方針の変更にともなって、いままでのやり方がないがしろにされて、これまで築き上げてきたものが無くなるような感じ。
②自分の存在感がない	・仕事をしていて、自分の存在感を感じることがない。自分なりに考えて提案してみるが、何ら肯定的な反応が返ってこない。 ・やる気のない職員がいて、自分なりの努力が空回りすることが多く、やるせない気持ちになる。
③自罰的になる	・「かくあるべき姿」の押しつけが、疲れる大きな原因となる。 ・「福祉は心である」「提供者に福祉の心がないからだ」とトラブルになると抽象論を言われる。
④他罰的になる	・利用者の言い分があまりに理不尽であっても、我慢させられる状況の例が多々ある。 ・利用者を悪者にしても始まらないと諭され、持っていき場のない怒りが心に蓄積される。
⑤無罰的になる	・「そのような背景には、何らかの事情が誰にもある」という前提で、問題を整理することで解決に至るという人間性善説の考え方をするが、相手はなかなか変化しない。
⑥相談相手がいない	・自分にはどのような価値があるのかわからなくなり悩むが、相談する相手がいないため現場の孤独や孤立感広がっていく。

出典：堀之内高久（2004）『介護ストレス解消法』pp.27－30から筆者作成

表9－3　上司に対する不満足

上司への不満足	具体例
①上司のあいまいさ	・上司の抽象的指示により、自分なりに考えて実践するが、それに対する賛同が得られず自信を無くしてしまう。
②上司の正論1 （共感能力なき上司）	・「状況はわかるが、問題が起きたのは、あなたの熱意や努力が不足しているからではないか」と個人の資質の問題とする。事情を聴き、一緒に取り組もうとする姿勢がない。
③上司の正論2 （理論の押し付け）	・上司の正論は当然のこととして受け止められることが多いが、上司自身が部下との信頼関係をつくれていないため、部下からは「正直に話せない関係」「信頼関係のない関係」となってしまう。
④反論を脅威と感じ封じる上司	・独善的な上司に仕事上の発言を抑え込まれるといった事態によって、抑うつ状態、うつ病、自殺に追い込まれることが起こる。
⑤上司がいるだけで嫌な感じになる（上司嫌悪）	・上司がそばに来るだけで嫌な感じになり、上司が近づくと部下は席を立ってしまうような行動が起こる。上司は部下に嫌われていることに気づかず、そのような上司の態度に部下はさらに継続的なストレスにさらされる。
⑥上司のセクシャルハラスメント	・部下に対する性的な嫌がらせがある。
⑦本音と建前を使い分ける上司	・本人の主観によって、あるときは原則を言い、あるときは事情を言い、誰もが反論できないように、都合よく使い分けている。

出典：堀之内高久（2004）『介護ストレス解消法』pp.30－45から筆者作成

　さらに、介護労働者には利用者の理不尽さとも向き合わなければならないストレスが存在している。吉田（2014）は、介護労働者は利用者やその家族との関わりにおいて、言葉による傷つきを受けながらも業務放棄することなく、利用者やその家族と向き合い続けている現状を実証的に捉え、介護労働者のその行為は感情労働に値すると論じている。

　感情労働とは、ホックシールド（1983）がフライト・アテンダントの業務を分析し提唱したものである。感情労働の成立には3つの職務要件

が存在する。1点目は、対面あるいは言葉による顧客との接触が不可欠であること、2点目は、他人の中に何らかの感情変化（感謝の念や恐怖心など）を起こさなければならないこと、3点目は、研修や管理体制を通じて、労働者の感情活動は雇用者にある程度支配されることが言われている。吉田は、ホックシールドの感情労働の職務3要件が、現在の介護労働者に適用されると述べている。しかしながら、介護労働は感情労働であるとする認識が介護業界全体のコンセンサスを得ていないために、感情労働を支えるスキルトレーニングが十分に展開されていないことを指摘している。

　バーンアウト研究者である久保（2011）によると、感情労働の現場では自らの意に反して特定の感情を表出することが求められ、それが強いストレスの原因となり、強度なストレスによる感情労働者はバーンアウトのリスクが高くなることもあり得ると論じられている。吉田（2014）は、感情労働者のバーンアウトは自分への無力感や罪悪感が原因となると考えている。この吉田の考えを前述の堀之内（2004）の表9-2と表9-3と照らし合わせると、介護労働者の不満足感は、いかにストレスとなりバーンアウトリスクとなり得るのかがわかる。介護労働者が感情労働を行おうとすればするほど、上司や利用者などの労働環境に疲弊し、組織的な支援の限界を感じ、打開できないことへの怒りとなっていくものと考える。そして感情労働者である介護労働者は、日常的に相当な怒りを抱えているといえる。怒りという自己の感情をコントロールするために、介護労働者は幾度となく自己を偽り、その場に適切とされる感情を自己内で作り、他人の感情変化を誘発させる感情労働を行うのである。怒りと悲しみは表裏一体の関係にあると堀之内（1998）が述べるように、介護労働者が持つ怒りの裏側には悲しみの存在があることをも意識しなければならない。この怒りと悲しみは、どちらが前面に出るかは個々によって違い、怒りを出すことで悲しみを感じたり、悲しみから怒りが沸き起こったりすることもある。

第9章　感情労働と介護労働者による高齢者虐待

7　高齢者虐待と感情労働

　収容施設で非人道的暴力が繰り返されてきた歴史は世界中に存在していたことも事実である（市川：2000）。薬物療法が発達していなかった時代には、精神障がい者や知的障がい者の激しい行動障害を抑制させるために、治療者や支援者による拘束や暴力に頼らざるを得なかったことを、わが国ではハンセン病患者の支援に尽力した精神科医の神谷（1978）が擁護する立場をとっていた。それは、障がいをもった患者と社会のそれぞれから、それぞれを守ることになるからだとしている。過去にわが国においても、自宅における座敷牢に障がい者である近親者を入れておく風習があり、障がい者を社会からの暴力から守り、また反面、社会も障がい者の行動障害から守られるからだとした誤った考え方があった。これは、そういう意味での行動抑制をする方法が、当時においては存在意義を有していたといえるものであろう。

　現代社会においては、近代憲法の制定に伴う人権の確立、医療技術の発展や福祉制度、介護技術の向上などにより暴力で行動抑制する必要がなくなった。しかし、人道主義的に人権を尊重した支援の実現が可能となってきたにも関わらず、本書で繰り返し論じてきたように、介護労働者による高齢者虐待が厳然として存在するのである。

　藤本（2005：2）は、「施設内虐待など社会における暴力は、権力や体力などの優位性に基づく強者－弱者の関係ゆえに、人間関係で生じるもの」とし、虐待を暴力として包含している。さらに暴力の定義については、「加害者が意図をもって行うものであり、被害者が暴力と感じれば、不詳の深浅や心理的侵襲の大小にかかわらず、暴力と定義されてよいであろう」と述べている。

　藤本の定義を高齢者虐待の定義にそのまま用いることはできないが、高齢者虐待を暴力であるとする場合には、被害者である利用者が暴力と感じなければならないことになる。認知機能低下等による障がいのある高齢者の場合には、暴力を受けたことを明確に感じることができるか、

はたまたその暴力を記憶し他者に伝えることが可能であるかという点において、非常に困難な状況にある。この点からも、介護労働者による高齢者虐待が表面化しにくいものであることがわかる。したがって、介護現場において本人が暴力と感じるような虐待行為があったかを立証や検証することの難しさがある。被害者の記憶の不確かさや虐待判断の難しさを悪用した介護労働者による意図的な虐待が無くならないことも考えられる。

　藤本（2005）は、自分が存在することや存在を認められたり、自己主張できたりすることが自分の正当な権利であるとして、その正当な権利が長期にわたって否定される時に出現するのが暴力であるとも述べている。一般的に八つ当たりと言われる行為があるが、この八つ当たりは本当に向けられるべき対象に向けることができない感情を、向けられるべき対象の代替として無関係な相手に向けるもので、感情の発散も含んでいるのである。

　久保（2011：82）は「感情は、意志では完全にコントロールすることはできない」と述べている。感情をコントロールすることは可能であるが、ある部分においては感情のコントロールができないとするならば、それは人間本来の衝動性ではないだろうか。衝動性は、欲求を充足するための行動として、効率性などについて熟考されることなく、即時的、直接的な効果を得ることだけを目的として起こるものである。このことは、介護労働者が不快な状況におかれたときに、不快から解放されたいという欲求を充足するために、間を置いて熟考することなく、瞬間に解放されるための行動をとってしまう、衝動型の暴力が想定される。

　介護労働者が虐待に至ってしまう背景として、高齢者介護に従事する自分を価値ある存在として認められたい、つまり自己の尊厳を守りたいと思っている。しかし、介護現場では吉田（2014）が明らかにした利用者からの「二度と来るな」という罵声や、「蹴る、唾をかけられる」などの攻撃的な行為を受けることも実態としてある。このことによって介護労働者は、自己の尊厳が踏みにじられたと不快な思いを感じ、その不

第9章　感情労働と介護労働者による高齢者虐待

快から瞬時に解放されるための行動をとったところ、結果、利用者への暴力に至ってしまったという最悪の結末が想像できる。そこで、行動に至るまでに間を置いて熟考することができれば、感情コントロールができる介護労働者といわれるものなのであろうが、大抵の者は衝動的な感情に無意識的に支配されてしまうのだ。このようなことより、利用者の尊厳を守る立場にある介護労働者においては、瞬時に不快な状態になっている自分の感情をコントロールした上で、利用者の感情変化を促すことが労働として求められている。それにも関わらず、瞬時に不快な状態になっている自分の感情をコントロールができないということが、介護労働者の高齢者虐待に関する主要な問題点であることを筆者は主張したい。

　介護労働者は感情労働をしなければならないにも関わらず、感情コントロールができない点は、ホックシールドによる感情労働要件の3点目とされる「雇用者による研修や管理体制を通じて労働者の感情活動をある程度支配すること」がなされていないことの弊害と考えられる。そして、介護労働者が雇用者による管理体制の庇護を受けられないことにより、介護現場では虐待をしてしまった介護労働者、いわゆる加害者を発生させてしまっている一側面があるものと考える。

　反面、介護労働者が抱く「利用者のために役立ち、その結果として利用者から認められたい」や「感謝されたい」という見返りを求めるような期待を取り除かなければならない。人は多くの場合、相手に対してこうして欲しいという勝手な期待を抱いているものである。この期待とは、介護労働者の一方的な期待であって、特に認知症の利用者の場合には、介護労働者の思うような期待が返ってこないことが多いのだ。だからこそ、取り除かれた介護労働者の期待を雇用者が引き受けなければならない。雇用者は介護労働者の感情に対する心のケアや、どのような状況においてもうまく振る舞えるコミュニケーション能力を身に付けさせることを行わなければならない。

　そもそもこの労働を感情労働と捉えた時点で、瞬時に感情をコントロールするスキル修得などのトレーニングによって、雇用者は介護労働

者をマネジメントしていかなければならないのである（図9－1）。しかし現状においては、このようなマネジメントが展開されることは稀なことであり、虐待をした介護労働者が悪いと個人の問題に帰結させ、処罰や退職という罰を与える方法で解決がなされているのが大方である。特に介護現場は、利用者の尊厳を守ることをモットーにしている職場であるにも関わらず、介護労働者の尊厳が雇用者から守られないという状況であれば、これは介護サービスの提供に大きく影響を及ぼすことになる。人は自らの体験を基に他者に関わるものであるから、雇用者から尊厳をもって扱われる体験の無い者は、利用者の尊厳を守るとはどういうことなのかを実践することは甚だ難しいものである。尊厳という言葉は知っているけれど、どうすることが尊厳を守ることなのかということが理解できるような労働環境づくりが、当面焦眉の策である。雇用者は、職員を辞めさせても代わりの人はどこにでもいるという時代ではなくなったことを厳に受け止め、介護労働者を大切にすることから始めなければならないのである。

　高齢者虐待について、行政と施設や事業所と介護労働者の三者の関係は力関係の構図でもある。介護労働者による高齢者虐待が発生した際、施設や事業所の雇用者は自分より権力的立場の強い行政により指導・処分が行われる。それは雇用者にとっては決して気分の良いものではなく、その感情を持ったまま自分より権力的立場の弱い介護労働者に対し業務改善を命じるという、行政に叱られた雇用者は部下を叱るというように、ただただ権力構図の上から下へ流れていくようなものである。組織の末端に位置する介護労働者は、叱られたことだけが頭に残り、現場の大変さをわかってもらえない無力感と、高齢者虐待防止に向けた業務改善の過重労働にさいなまされるのである。

　第7章において介護労働者による高齢者虐待の再発防止策について、全事業所群で最も高かったのは「職場全体で研修を行う」であり、最下位項目は全事業所群で「施設長や事業所長への罰則を厳しくする」という結果を論じた。この点も考慮するなら、介護労働者は、自分より権力

第9章　感情労働と介護労働者による高齢者虐待

図9−1　現在の介護労働と感情労働の関係

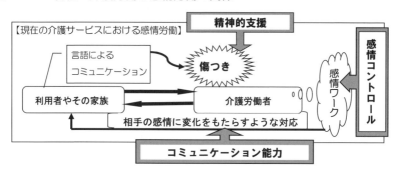

吉田（2014：230）図終−1　介護サービス従事者の感情労働プロセスより引用　一部筆者改変

のあるものが叱られたところで、その後は権力の弱い自分たちの階層にこのことが着地することを知っているかのようである。制度を掌る行政と、介護サービスを経営する施設や事業所、利用者と直接関わっていく介護労働者、この三者によって高齢者虐待防止の意識を共有しなければならない。三者のうちの誰か1人を悪者にして高齢者虐待対応を終えるのではない。まして、高齢者虐待を予防しようとするのであれば、三者全てが責任者であると考えなければならないものである。

　介護労働は感情労働であるがゆえに、もはや「高齢者虐待とは何か？」などという知識レベルの講義のみに固執した高齢者虐待防止策に効果を期待するのではなく、施設や事業所の組織マネジメントとともに、量よりも質を重視した高齢者虐待防止研修を通じて、介護労働者の感情活動を理解した上で雇用管理体制を行っていく必要がある。

8　これからの介護労働者による高齢者虐待防止に向けて

　介護労働者は、「役に立ちたい」と「大切にされたい」という2つの気持ちを持っている（吉田：2014）。ここでは、介護労働者の根底に流れるその思いと、現実の実態から生まれるギャップに焦点を当てながら、

感情労働と高齢者虐待の悪循環の関係性を紐解くことに挑戦する。

　介護労働者が介護労働を選択するきっかけの多くは、「昔助けてもらった経験があって、あの時の人のようになりたいから」や「人の役に立ちたいと思ったから」などの自己体験に基づいているものが多い。エリザベス（2007：156）は「動機づけとして成功に勝るものはない」とドラッカーの言葉を説明している。動機は、行動を喚起させたり方向性を図ったりするものであり、それらの行動が結果として成功を導き出すものである点から、いかに動機付けが大事であるかが理解できる。

　このことを介護業界に当てはめて考えるならば、メイヤロフ（2002：197）は「相手の自己実現をたすけることが、とりもなおさず、私たちの自己実現にもなるのである」と述べる。介護という仕事を通して人の役に立つ自分になりたいとする動機付けは、自己実現を達成することを言い当てている。このような期待をもって介護労働者は介護業界を選び、入職していることが多く、それらは、平成14（2002）年度以降毎年度介護労働安定センターが実施している「介護労働実態調査結果」において、仕事を選んだ理由のうち「働きがいのある仕事だから」が半数を超えていることからも明らかである。

　しかし、この素晴らしい動機は現実の諸々の側面から覆されることになるのである。例えば、「人の役に立ちたい」という思いの裏側にある介護労働者の期待とは、「感謝されたい」ということである。つまり、人は日常的に「ありがとう」と言ってもらったり、言葉は発しないが神仏に手を合わせる時のように手を合わせて感謝を表現してくれたりすることをもって、初めて相手に感謝されていることに気づき、実感することができるのである。

　ところが、現場においてそのようにやってくれる利用者はどれ程いるだろうか。利用者は疾病によって言語機能が低下していたり、認知症によって行動障害が発症していて、感謝どころか介護労働者に対する暴力や暴言、罵声を浴びせたりして、介護労働者は心身ともに疲弊し傷ついていくのである。このような現場の実態が社会的に「きつい」仕事とし

て評価され、福祉の心だけでは勤まらない仕事であることを社会は認識し始めるのである。

　施設側で求人しても介護職員が集まらないために、介護労働者1人当たりにかかる負担は増すばかりで、1人にかかる負担が増すことによって疲弊感が増幅し、「もうこんな仕事やっていられない」と職員が辞めていくことになり、さらに残された職員に負担がかかり、計り知れない疲弊感が現場に蔓延するのである。

　慢性的な人手不足の現場では、知識や技術習得のための研修に参加したいけれど、参加することによって更に当日勤務者に負担をかけることになるため諦めざるを得ず、学ぶモチベーションが低下してしまっているのが現状である。本書第4章において、厚生労働省による平成24(2012)年度の介護労働者による高齢者虐待報告において、「虐待の発生要因」について「教育・知識・介護技術等に関する問題」を最も多くの要因としていることを論じた。このことは、人手不足や小規模事業所であるがゆえに、そもそも職員数の少ない事業所にとって、「教育・知識・介護技術等に関する問題」が虐待を発生させているのだから、もっと改善しなさいと言われても、現行職員数では十分な学びの機会を確保することもできなければ、外部へ研修に行かせる人的余裕もないのである。実際に、本書におけるアンケート調査を実施している最中に、あるグループホーム管理者の方より電話をいただいた。

　「管理者として研修を受けさせたいし、職員も研修を受けたいという希望を持っていることは知っている。しかし、1人研修に行かせると、その分を休日予定だった職員に出勤してもらわなければいけなくなる。すると、出勤協力してくれた職員の代休がなかなか取得できないため、疲れがとれなくなっていく。外部研修を諦め、事業所内研修をとやってみるが、月1回の会議日に全職員に出勤してもらい、会議の後30分程度で管理者から情報提供として勉強資料を提供しながら学ぶことをするだけで精一杯である。本当は1時間は

8　これからの介護労働者による高齢者虐待防止に向けて

研修の時間として確保したいのだが、利用者さんの問題に対する検討が会議の大部分を占め、正直そっちが重要事項になってしまうので、研修時間の確保は難しい。必要性はわかっているが、現実にはできないことが悩みである。」

と、非常に切実な胸の内を語ってくださった。筆者は、このような管理者とそこに働く職員の方々を何とか助けることができないものかと、自分の未熟さを痛感せずにはいられなかった。

心身ともに疲弊しきった介護労働者に対する次なるダメージは、介護報酬単価引き下げによる「給料が安い」状態に我慢させられることである。介護報酬は公定価格として決められているため、疲弊している自己を奮い立たせてどんなに質の良いケアを提供しても、チップがあるわけでもなく、要介護状態が改善しても成功報酬があるわけでもなく、逆に報酬単価が下がるからと要介護状態の改善は歓迎されず、報われない労働と化してしまうのである。

報われない労働であるならば決まったことだけをやればいい、疲弊しきった状況では良い思考も行動も起こせるはずがなく、介護労働者にとっては坦々と日常業務をこなしていく空間があるだけになっていくのだ。実は、ここが分岐点であり、今後重点的に介入しなければならないポイントではないかと筆者は考えている。現状の介護労働者には、前述した坦々と日常業務をこなしさえすれば良いとするタイプと、「働きがいのある仕事」として生き生きと楽しんでいるタイプと2つが存在しているのも事実である。後者の生き生きと仕事ができるタイプにはどのような強みがあるのかは今後の研究が必要であるが、推測する限りでは、自己の能力もあるだろうが、それにも勝る職場環境の存在があるのではないかと感じている。

坦々と日常業務をこなしさえすれば良いとするタイプは、入職当時の夢や希望が薄れ、人の役に立ちたいという思いも空回りした「やりがい

の喪失」に陥る。介護業界によって期待を裏切られたような「怒り」や、利用者や家族は介護してもらったら当然感謝するだろうと思っていた期待は幻想であったことを知り「悲しみ」を抱いて行くことにより、介護行為の志向は全身全霊で利用者に向かうのではなく自分自身へ向かって行くことになる。その結果、「利用者の人権」を考えることができなくなり、自分の自己実現が思い通りにならないことに対する「怒り」や「悲しみ」に浸食され、最悪の「虐待」行為が起こってしまうものだと考えられる（図9－2）。

　これら虐待に至る悪循環は、介護労働者個人の問題なのであろうか。本当に厚生労働省のいう「虐待を行った職員の性格や資質の問題」で片付けることが出来るのであろうか。虐待は、虐待者の成育歴が関与していることもよく言われることだが、それを真面目に受け止めるのであれば、採用面接時に本人の成育歴を聴取すれば良く、成育環境に問題ありと判断した者を不採用とすれば、最初から問題の芽を摘むことが可能であるということが出来る。しかし、これは現実的ではない。介護現場は慢性的な人手不足であって、人材確保できないために新規オープンできない、オープン日を延期する、部分的オープンとするなどが珍しいことではなくなっている現状なのだ。そのような状況にあっては、1人でも多くという数の確保が優先されて、来てくれなら誰でもいいとさえ言われてしまうほどの採用難の介護市場の中で、質にこだわった介護職採用など至難の業である。

　介護現場の現状から見えてくることは、採用してから人材を育成していくという新たな課題である。これまでも採用後の人材育成は当然行ってきたが、これからの介護分野における人材育成は、これまでのやり方では持ちこたえられないと考える。つまり、これまでのように、通り一遍の介護知識や技術伝授だけでは、成育歴に課題をもった職員や傷ついた職員に対応できないのである。職員側とすれば、人間として必要な自己の心を職場によって満たされないことにより離職も選択肢の一つになるという、介護人材確保は難しい時代に直面しているのだ。

図9－2　虐待発生に至る悪循環

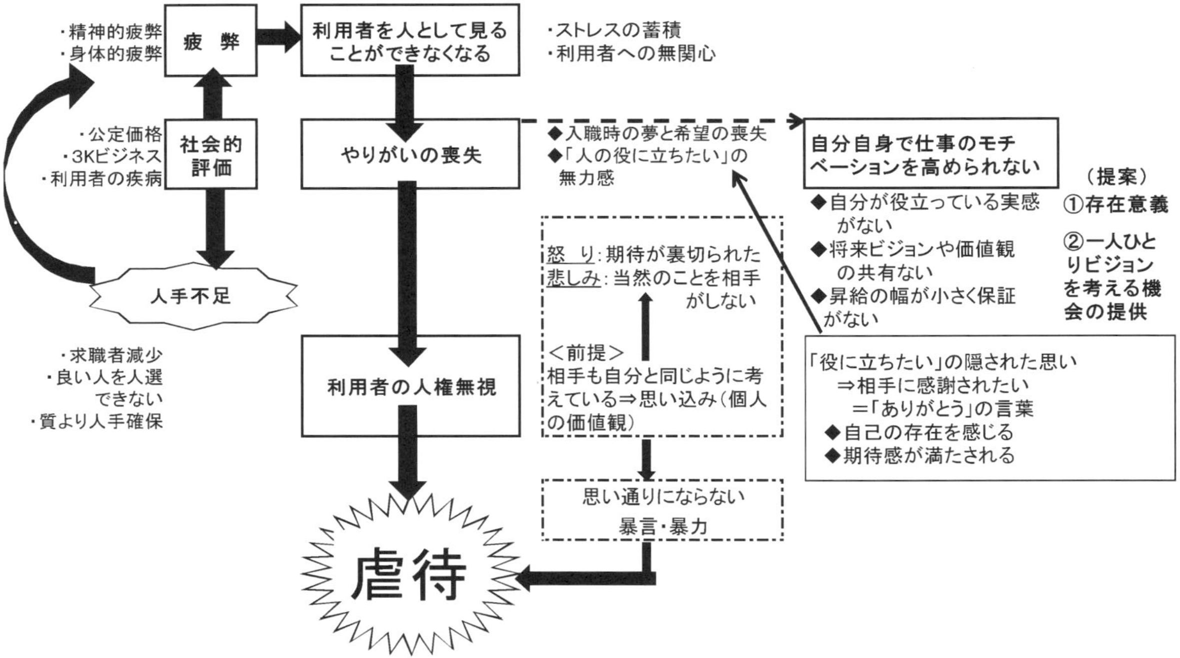

筆者作成

第9章　感情労働と介護労働者による高齢者虐待

　しかし、先に述べた虐待に至る悪循環の過程には、実は多くのヒントが隠されている。それは、上司のあり方に由来しているものであると筆者は結論付ける。堀之内（2004）が論じた介護職の怒りとなる不満足を満足に変える上司の関わりこそ、これからの介護業界の人材育成の根幹であると考える。人を支援する人を創っていくことこそ、介護業界における理念となるものである。①職員が自分自身に対する不満足を抱えていないか、②上司である自分に対する不満足を職員は抱えていないかを上司は常時点検しなければならないのである。特に②を自らに問わなければならないことは、とても厳しいことではある。しかし、これらは何も難しいことではなく、非常に簡単なことでもある。「感謝されたい」という希望を持って入職した部下が、利用者や家族から「ありがとう」をもらえず心が満たされない時に、上司が代わりに「ありがとう」を伝えればいいのである。部下は上司の感謝の言葉によって自己存在を感じられ、「利用者からのありがとう」が無くとも「上司のありがとう」によって「自分が役立っている実感」を得て、部下自らが仕事のモチベーションを上げていくことになる。職員がやりがいを感じるようになれば、自ずと組織に貢献してくれる人材となっていくのである。これからの上司は、職員の成育歴を嘆くのではなく、育て直しができる能力が必要なのである。しかし、残念なことに人手不足の介護現場では、リーダーとなるためのこれらノウハウをトレーニングする機会が非常に少ないことと、トレーニングできる真のトレーナーの存在も非常に稀である。

　この理論は行政のあり方にも通じている。行政は日本の高齢社会問題に貢献できるように介護現場を大切に扱い、そして遇しているのか、行政は介護業界に対してわが国の高齢社会問題に貢献する上で必要な教育訓練と支援を提供しているのか、行政は養介護施設等や介護労働者がわが国の高齢社会問題に最大限貢献していることを知っているのか、という3点をドラッカーの言葉から援用し行政へ問いたい。

　「遇されなければ遇しない」これが、わが国の介護労働者における高齢者虐待の神髄であるとすれば、いと悲しきことである。

【参考文献】

市川和彦（2000）「施設内虐待　なぜ援助者が虐待に走るのか」誠信書房

エリザベス・ハース・イーダスハイム（2007）上田惇生訳「P・Fドラッカー　理想的企業を求めて」ダイヤモンド社

神谷美恵子（1978）「ピネル神話」に関する一資料　精神医学と人間

久保真人編（2011）「感情マネジメントと癒しの心理学」朝倉書店

藤本修編著（2005）「暴力・虐待・ハラスメント　人はなぜ暴力をふるうのか」ナカニシヤ出版

堀之内高久（1998）「介護職のためのストレス対処法」中央法規出版

堀之内高久（2004）「介護ストレス解消法」中央法規出版

アーリー・R・ホックシールド（1983）／石川准・室伏亜希訳（2000）「管理される心　感情が商品になる時」世界思想社

ミルトン・メイヤロフ（2002）田村真・向野宣之訳「ケアの本質」ゆるみ出版

吉田輝美（2014）「感情労働としての介護労働　介護サービス従事者の感情コントロール技術と精神的支援の方法」旬報社

介護労働安定センター「介護労働実態調査結果」
http://www.kaigo-center.or.jp/（2015.10.20）

厚生労働省「介護支援専門員実務研修受講試験の実施状況等」
http://www.mhlw.go.jp/stf/seisakunitsuite/bunya/hukushi_kaigo/kaigo_koureisha/hoken/jissi.html（2015.10.20）

辻本きく夫「介護保険事業の現状分析及び高齢者福祉・介護保険部会への提言」第3回高齢者福祉・介護保険部会　平成20年4月25日資料
http://www.kaigo-wakaba.jp/080425shiryo.pdf（2015.10.20）

終　章

1 老発1113第１号厚生労働省老健局長通知考

　厚生労働省は、平成27（2015）年11月13日に各都道府県知事、指定都市市長、中核市市長あてに「養介護施設従事者等による高齢者虐待の再発防止及び有料老人ホームに対する指導の徹底について（通知）」を出した。

　この通知の背景には2015年９月８日にテレビ報道された、川崎市内の介護付き有料老人ホームでの介護職員による入所者に対する暴力や暴言に関する事件が根底にあると考えられる。その後新聞等でも経過が報告され続けており、これを皮切りに、同法人が運営する千葉県にある有料老人ホームの虐待も報道されている。さらには、同法人とは無関係の都道府県からも続けざまに介護労働者による虐待の報道がなされている。

　そして、通知文の前書き５行目の文言には、「最近、養介護施設従事者等による深刻な高齢者虐待等の事案が複数報道されていますが」と記載されており、この厚生労働省が「最近」と称していることは、取りも直さず2015年９月の川崎市内の虐待を発端とした一連の事案であることは推測に難くない。また、「深刻な高齢者虐待」と称する部分について新聞記事から察すると、「職員に頭をたたかれたり暴言を吐かれたりする」ことや、「職員を呼ぶベッド脇の装置を取り外したりする職員の姿」、「職員が女性を抱え上げ、投げるようにしてベッドの上に移動させた」など、家族が撮影した映像から見えた介護労働者の対応状況のことであろう。

　この報道中の状況は係争中であったために、事故なのか事件なのか白黒付けることができないものの、実は厚生労働省は事の重要性を鑑みて

「深刻な高齢者虐待」と表現しているものと筆者は捉える。

　新聞報道からこの部分を抜粋してみると、川崎市内の介護付き有料老人ホームでは「男女3人が2014年11月〜12月にかけて、6階のベランダから転落して死亡（2015年9月10日付、日本経済新聞）」している。また、同法人の千葉県内の介護付き有料老人ホームでは、「2013年、認知症の男性がベランダから転落死（2015年10月27日付、朝日新聞）」している。この死亡記事がことさら虐待問題の深刻さを示している。

　同文前書きの9行目には「法に基づく対応を強化するため」、それに10行目には「再発防止に向けた取組の強化に努め」と綴られている。2015年9月以降に発生した一連の有料老人ホームにおける高齢者虐待を受け、厚生労働省が下位機関に対し行政の関与をこれまで以上強化するよう求めたのである。

2　老発1113第1号通知本文から

　厚生労働省の言う具体的強化とは一体どのようなものであろうか、通知文の本文を抜粋しながら見ていくことにする。

　2015年11月13日通知（老発1113第1号）は、全A4判で16枚である。16枚中12枚は「別紙1〜5」とされた過去の通知文2015年2月6日通知（老発0206第2号）と虐待対応に関するチャート図や権限規定である。ちょうどこの頃に厚生労働省による全国の平成26（2014）年度分の虐待の状況の公表がなされたこともあり、2015年2月6日通知（老発0206第2号）の題名は「高齢者虐待の防止、高齢者の養護者に対する支援等に関する法律に基づく対応の強化について」となっている。

　16枚中4枚目の2015年11月13日通知（老発1113第1号）は、2015年2月6日通知（老発0206第2号）を包含し、さらに具体的に強化点を示したものとなっている。特に最初の項目「高齢者虐待防止における基本的事項」の本文中では、「養介護施設従事者等の一人一人の努力にのみ任せていると、職員のストレスが溜まりやすくなり、不適切なケアにつな

終　章

がるなど、高齢者虐待を引き起こす要因となる可能性」とより細部に至って原因等を明示している。筆者は、介護労働者「一人一人」を大切にする必要性について、随分前から声を上げてきた。ようやく厚生労働省は、介護労働者「一人一人」を大切にすることを言葉にしたかと、非常に称賛できる部分である。

　さらに本文では、「養介護施設等においては、事業所におけるストレスを軽減するとともに、介護の質を向上させる仕組みづくりに事業所全体が一丸となって、取り組むこと」と述べている。この点についても、トップの考え方が事業所運営を左右するものであることから、ようやくかという思いとともに、まずは第一歩を踏み出したものと受け止められる。

　とかく、介護現場で直接介護をしない職員は高齢者虐待を直接自分の事として捉えない傾向にある。介護職員でなければ、虐待に至るような場面に出会うことがない点からか、同じ屋根の下で働いていながら他人事となってしまっているようである。もっと言えば、少数であるにしても施設を預かるトップたちの中には、高齢者虐待防止の研修は介護労働者だけが受ければいいと思っていることも事実としてある。介護職員を高齢者虐待防止研修に出せばそれで十分にやっていると思い込み、トップ自らが研修に参加しないということさえある。事業所全体が一丸となるということは「言うは易し」であり、高齢者虐待は所詮他人事としているうちは、一丸となっているという思い込みに終わっている可能性がある。この「一丸」となっているということを行政がどのように点検・指導するかが、今後の再発防止のあり方に大きく影響してくるものであろう。

3　高齢者虐待の未然防止

　本通知においては、法第20条の「養介護施設従事者等の研修の実施」をもとに、都道府県及び市町村に対し、養介護施設等への指導・助言に努めることを明記している。具体的には、次の４点である。

①養介護施設等が自ら企画した研修を定期的に実施すること
②苦情処理体制が施設長等の責任の下、運用されること
③メンタルヘルスに配慮した職員面談等を組織的に対応すること
④業務管理体制を常に自主的に点検し、必要に応じ、体制の見直しや運用の改善に努めること

　この中で最も介護労働者に関係があるのは、①の研修である。他の3点は、介護労働者よりも管理者サイドの話になる。介護労働者の研修は、定期的に実施されなければ指導・助言の対象になることが、本通知から明白である。よく見るとその研修は「自ら企画した研修を」とも書かれている。外部研修であるか内部研修であるかは特段明確にされていないが、現状の介護現場から推測すると、都道府県や市町村が企画する外部研修は年に数回の実施であり、定期的な実施とは言えない状況である。それらを見越したように、「自ら企画した」という文言で内部研修が「定期的に実施」されることを意図しているように感じられる。人手不足や小規模事業所にとって、外部研修に職員を派遣することは非常に頭の痛い問題でもあり、「自ら企画した」という点では、胸をなでおろす事業所もあるだろう。
　しかし、この通知では「定期的に実施」という枠組みは定められているが、その参加者については制限していない。つまり、全職員が毎月研修を受けることを義務化しているものではないのである。したがって、例えば次のような研修実施事業所が出現しても不思議ではない。この通知文で「積極的活用」として推奨している教育システムの一部を用い、参加者を12班に分ければ、事業所は毎月研修を実施しているという詭弁を弄したものとなる。この方法を取ることにより「定期的に実施」に該当することとなり、行政指導を回避することができるものと考えられる。ここでは、「定期的に」を月1回と解釈したが、本通知は月1回の開催とは一言も記載がないため、2か月に1回や4か月に1回も「定期的に」と言い通すことも可能である。一方で、「定期的」を短い期間に設定す

終　章

ることを妨げるものではないので、事業所の取組姿勢が暗に問われているともいえる。

このことから、本通知は「定期的」という回数にのみ重きを置いていることがわかる。実施の仕方や参加職員の状況にまで踏み込んでいない本通知は、事業所にとってこれまでと何が大きく変わることになるのだろうか。本通知から読み取れることは、研修の質が問われていないということより、特別な事態として慌てることはないのだともいえる。仏作って魂入れずとならなければ良いが、今後の本通知効果は非常に興味深いものである。

4　通報者の保護

平成27（2015）年11月23日付の日本経済新聞の「『虐待』告発者に賠償請求」の記事に、筆者は目を疑った。これは、障害者虐待防止法第16条に基づいて、職員が自ら勤務する職場内の虐待行為を市町村に通報したことに対し、通報した職員が施設側から名誉棄損などを理由として損害賠償請求されているというものであった。

高齢者虐待防止法も第21条第1項において、通報しなければならないことを定めている。一方で、内部通報者を保護する目的で、同第21条第7項において「通報をしたことを理由として、解雇その他不利益な取り扱いを受けない」とも定めている。高齢者虐待防止法は、障害者虐待防止法と運用は大きく異なっていないことから、高齢者分野においても、通報した者が事業者より「報復」を受ける可能性があるということになる。

本通知では、虐待事案の早期発見として第21条第7項を記載しているが、通報に関しては「高齢者の安全を確保するため」に留まり、通報者が事業者により不当な扱いを受けた場合に対する罰則や注意喚起などは、一切見当たらない。

障害者分野において、通報者が損害賠償されるというケースが既に報じられた現在、高齢者分野においても二の舞になりたくないという意識

が働き、通報をためらうということが予見できる。内部通報者が法律によってあらゆる事態から自分自身が守られ、不利益を被ることがないという安心と安全を保障しない限り、表面化しない高齢者虐待は減少しないものと考える。

5　厚生労働省通知と研修の関係

　これまで何度も述べたように厚生労働省では、虐待の発生要因の第1位を「教育・知識・介護技術等に関する問題」として公表している。この問題の解決策として厚生労働省が言わんとしていることは、介護労働者には学ばせることが必要であり、そのためには「定期的な研修」を企画することであると理解する。しかし、教育・知識・介護技術等の何がどのように問題であるかは明確にされていない現状では、研修内容を介護労働者にマッチさせることから検討されなければ、虐待の発生要因にアプローチすることにはならない。「定期的な研修」をするように言われているから、とりあえずやりましたという結果にならないことを願うばかりである。

　話は変わって、2015年8月になると介護事業所の破綻を報じる新聞記事が目に付くようになった。2015年上半期の介護事業所の倒産件数は、過去最多ペースとも言われている。この背景には、2015年4月の介護保険法改正により介護報酬単価が下がったことが挙げられる。2015年介護報酬改定により、介護報酬が全体平均2.27％減とされている。2015年10月になると介護事業所の倒産傾向が分析され、介護保険制度開始以降最悪の倒産件数と掲載され、介護報酬改定の影響と結論付けられるだろう。

　関連記事として、2015年10月3日付け読売新聞では、2015年倒産の5割が平成22（2010）年以降に設立された新規参入だとされている。2015年10月25日付け朝日新聞では、倒産の背景に人手不足を挙げ、2015年の9月までの倒産件数のうち、約7割が小規模な事業所であると書かれていた。

終　章

　介護報酬単価引き下げは、小規模事業所ほど収入減収による影響が短時間で倒産に追い込まれるほどの状況になることが明らかとなった。だからと言って、小規模作業所は法人の経営体力が無いから職員の研修をしなくてよいという言い訳にはならないはずである。事業所の資金力に関わらず職員の研修を実施できるようにするためにも、研修費用をかけない方法として本通知にある「自ら企画した」という言葉が必要となるのであろう。このことより、やはり研修の質というよりは、まずは研修を実施することに本通知には力点が置かれているものと推察される。
　高齢者虐待の未然防止に関する介護労働者の研修がどうあればよいのかという点については、まだまだ議論の余地がある。

6　感情労働としての介護労働への提案

　平成27（2015）年9月に社会が知ることとなった、川崎の老人ホームで起きた入居者の転落死は、平成28（2016）年2月16日の朝日新聞の一面で「逮捕」と報じられた。マスメディアはこぞって、本事件の動機に着目し、2016年2月17日のTV報道におけるテロップには、「夜勤多くムシャクシャ」と放映された。また、「手がかかる」入居者との供述から、ストレスを募らせた結果との見方もある。
　当該職員は、既に2015年5月に入居者の金銭を盗んだことで逮捕され、執行猶予付き有罪判決を受けていた。これら一連の報道上の情報から、本事件を「虐待した職員の性格や資質の問題」と片付けることもできる。
　2016年2月17日の朝日新聞社説には、「プロとは到底言えない職員が増えてはいないか。」「すべての介護施設などで職員に対する教育・研修の徹底を求めたい。」と掲載されていた。ここで、あえて反論しよう。朝日新聞社は実際のところ「プロとは言えない職員」が増えていることを調査した上で、この言葉を述べているのだろうか。「教育・研修を徹底」することによって高齢者虐待が減ったという科学的根拠、どのような「教育・研修」を施せば効果が出ているのかという科学的根拠を示し

6 感情労働としての介護労働への提案

もしない、単なる理想としか思えないあるべきだ論は言うが易しである。この言葉をマスメディアが使うことによって、全国すべての介護施設がそうであるようなイメージが独り歩きしてしまうことだけは避けなければならない。「プロとは言えない職員」が増えざるを得ない介護現場の現状を社会がつくってしまっていることには、行政はじめマスコミも気が付かないのであろうか。

犯罪者を弁護するつもりは毛頭ないが、夜勤という労働環境から端を発したストレスと、理解できかねる利用者の言動に対し、介護労働者のコミュニケーション能力で対応しきれず、自己の感情をコントロールしきれなくなった結果、犯行に及んだと考えることもできる。しかしながら、これらの内容は介護現場の本質を全く理解していない。今後介護現場に必要な介護労働者の支援は、当然介護労働者の賃金となる公定価格の介護報酬を改訂することも大切な一つであるが、本来このような問題行動は賃金で解決できるなどという短絡的な考えで改善されるものではないだろう。そこで筆者は、介護現場が改善すべき介護労働者向けのトレーニングを提案したい（図終－1）。

労働環境から端を発したストレスについては、介護現場におけるスー

図終－1 介護労働者に必要なトレーニング筆者試案

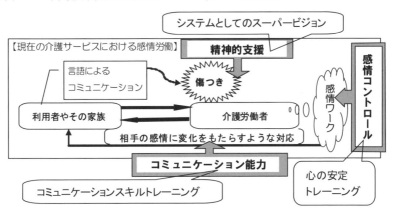

終　章

パービジョンが有効であるが、残念なことに、介護現場には部下の「感情コントロール」を支援できるような有能なスーパーバイザーが、ほとんどいない現状といえる。多くの現場で行われているスーパービジョンと称されるものの中には、事例検討の域を脱していないものもある。部下の「感情コントロール」や「コミュニケーション能力トレーニング」のできるスーパーバイザーが、育成されていないのが現状である。

　図終-1で示すようなトレーニングをしていくことが、厚生労働省のいう「教育・知識」を補うことに必要なのである。講義一辺倒の高齢者虐待防止研修は一度に多数を受講させることができ、研修効率は抜群である。これは今までも展開されているもので、その結果と言えば、高齢者虐待判断件数は減少を示していないのである。これからは、研修効率は悪くなるが、介護労働者が主体となって考え、心の安定を図るトレーニング、コミュニケーション能力トレーニングを丁寧に行っていく形式にしなければならないと考える。そうしなければ、これまでと何も変わらない介護現場のままで、毎年のように「今年も増え続ける介護虐待」という見出しの記事が踊るであろう。

　要するに介護現場は、知識だけで何とかなるものではないのである。

7　緊急報告

　最後の章を書き終え安堵したところに、私が生まれ育った故郷において、施設内における高齢者虐待があったとのニュースが流れ、我が耳を疑った。そして何としてもこのことを、多くの介護労働者諸氏に読んでもらいたとの思いで、急きょ現地を訪れ関係機関に取材を申し入れ、その結果を終章の最後に付け加えたものである。

　山形県健康福祉部健康長寿推進課は、平成28（2016）年2月8日に報道関係者に対し、「有料老人ホームに対する行政処分について」とした高齢者虐待の公表を行った。山形県は入居者に対する虐待行為があったと判断し、有料老人ホームに対し、老人福祉法第29条第11項の規定に基

づく改善命令を行った。高齢者虐待が施設であった場合に行政指導等が行われるのは一般的であるが、このケースから学ぶべき内容は実はかなり奥深いのである。

山形県が本件を公表するまでに何があったかを整理してみる（表終－1）。

山形県による公表内容と、2016年2月9日付地元紙である山形新聞の報道内容から経過をまとめると、初回の通報から高齢者虐待と判断されるまでに約1年を要している。さらに、初回通報から半年後に、町による研修を実施しているにも関わらず、2か月後には1人目の職員による「運動強要」とされる虐待が発生し、間もなく「素手で強打する」という2人目の職員による虐待が立て続けに発生している。つまり、本件においては町による研修効果が介護職員たちには十分に感じることができなかったといえる残念な結果である。

表終－1　有料老人ホームの高齢者虐待判断経緯

年　　月	経過（内容）	備考
平成27年2月	県に虐待の通報（関係者から通報）	（虐待行為の特定には至らなかったが、虐待防止に向けた指導の必要性を認識）
平成27年2月16～17日	県と町による高齢者虐待防止法に基づく任意の立入調査	
平成27年7月28～31日	町が施設の介護職員に対する虐待防止研修会を実施	
平成27年9月～12月	70代男性入所者に長時間の廊下往復の運動を強要	平成27年10月～11月2人の職員が依願退職
平成27年10月	70代男性入所者の頬を夜勤者が素手で強打し腫れさせた。	
平成27年10月	高畠町を通じて県に虐待の通報（2月の通報とは別案件）	
平成27年12月17日	県が町と協力のうえ、老人福祉法に基づく立入検査	
平成28年1月	追加の聞き取り、事実確認等	

出典：山形県資料と山形新聞報道内容より筆者作成

終　章

　虐待に関わった当該職員2名は、老人福祉法に基づく立ち入り検査の前に依願退職していることの背景には何かあるのだろうか。虐待者自らが責任を取る意味で退職を申し出たのかもしれないだろうし、はたまた隠ぺいしようとする組織体制によって依願退職を強要された可能性も否めない。その真実は記事等からは読み解くことができないが、代表取締役は記者の取材に対し「職員がやったことで、施設として指示したことはない」と回答している。この新聞記事から、既に退職した職員個人のせいにしていることは、経営者としての使用者責任並び管理責任を放棄しているものと憤りを感じてしまうのは筆者だけであろうか。

　本件は、なぜ初回通報から1年も虐待判断に時間を要したのであろうか。調査した結果、これに対する回答を山形県と町役場から得ることができた。本件の事業所は、介護保険事業所として都道府県知事の指定事業所許可を不要とする有料老人ホームである。有料老人ホームは、法的には縛りが無く、ただ都道府県知事への届出によって事業が展開できるという位置付けの施設となっている。近年、特別養護老人ホームへの入居が困難であることや、早めの住み替えを推奨する政策等の理由により、併せて平成18（2006）年度の有料老人ホームの規制緩和も手伝い、有料老人ホーム数は激増している。そんな中、有料老人ホームが「介護付き」を標榜する場合には、別途介護保険事業所として都道府県知事の許可が必要である。したがって、本件のような高齢者虐待が発生した場合は、介護保険法の指定取消権を行使し、当該事業所を廃止させることが可能なのである。

　しかし、本件の事業所は有料老人ホームの中でも、「住宅型有料老人ホーム」として届け出された事業所であり、介護保険事業所としての許可は不要で、都道府県への届出のみで事業が展開できるのである。その結果、高齢者虐待が発生しても、県には介護保険法による指定取消権限がなく、老人福祉法による改善命令に頼るしかないという状況で、事業所指導に困難を極めたことが、県担当者への筆者取材によって明らかとなった。

また、本件は「通報」によって高齢者虐待が表面化したものである。本来通報者は、高齢者虐待防止法においても保護されなければならないものが、平成27（2015）年2月の通報においては行政の立ち入り調査が不発に終わってしまった。このことについて、一連の調査に当たった結果、県も町も内部通報者への聞き取りの難しさを痛感したと筆者は教えていただくことができた。本件の調査担当者は、「内部通報者は、内部通報したことによる自分への不利益を非常に心配するため、1回の調査で全てが明かされることがない」ということと、「内部通報者は調査者を信頼しない限り、本当のことを100％話してくれるとは限らない。職場の人間関係性を非常に気にして、言っても良いことと言わないでおくことを選別して、告発者は調査担当者に話をすることがある」ということを語ってくれた。

　内部告発者の心理的過程について新田（2004）によると、告発した者は匿名であり続けることが保証されるのか、匿名で告発する際に期待した効果が得られるのか、もし匿名が露見した場合に自分に降りかかる被害はどれほどになるのかなど、苦しく耐える生活が長く続くものだとされる。苦しさから逃れるために自ら退職を選ぶ場合でも、小さな自治体では何かがあった者として色眼鏡で見られることから逃れることができず、その後のキャリアの傷になることも想像に難くない。これらの点から、通報者は自分の今後の人生リスクと正義感とを天秤にかけながら、虐待調査に応じなくてはならないことも理解しておく必要があるということは、法は正義を守れないということであろうか。

【参考文献】

厚生労働省老健局高齢者支援課「養介護施設従事者等による高齢者虐待の再発防止及び有料老人ホームに対する指導の徹底等について（通知）」平成27年11月13日

　http://www.mhlw.go.jp/stf/houdou/0000104375.html（2015.11.20）

朝日新聞「介護業の倒産過去最悪」2015年10月25日

終　章

朝日新聞「千葉の老人施設で転落死」2015年10月27日
朝日新聞「元職員を殺人容疑逮捕」2016年2月16日
朝日新聞「社説　まず全容の解明を」2016年2月17日
日本経済新聞「介護事業者破綻最多更新ペース」2015年8月14日
日本経済新聞「入居者家族　暴行を撮影」2015年9月10日
日本経済新聞『「虐待」告発者に賠償請求』2015年11月23日
読売新聞「倒産増　介護界に異変」2015年10月3日
川崎市報道発表資料
　http://www.city.kawasaki.jp/templates/press/cmsfiles/contents/0000073/73337/20151221.pdf（2015.12.23）
新田健一（2004）内部告発の社会心理学的考察『日本労働研究雑誌』
　pp.24－32

資　料

平成27年12月21日
報道発表資料

有料老人ホーム「Ｓアミーユ川崎幸町」の処分に係る指令書の手交について

1　処分対象施設
（１）事業所の名称　　　Ｓアミーユ川崎幸町：川崎市幸区幸町二丁目632－1
（２）サービスの種類　　（介護予防）特定施設入居者生活介護
（３）指定年月日　　　　平成23年11月1日
（４）開設者　　　　　　積和サポートシステム株式会社
　　　　　　　　　　　　東京都中央区日本橋小伝馬町13番4号　共同ビル6階

2　処分内容及び処分期間
　内容：行政に寄せられた情報を基に、介護保険法に基づく監査を実施した結果、介護職員による入居者に対する虐待や窃盗事件、ベランダからの転落事故などの事件・事故が短期間のうちに多数発生し、いずれも重大な結果を招いていることを踏まえ、介護保険法第77条第1項第5号及び第115条の9第4号に基づき、積和サポートシステム株式会社が運営する「Ｓアミーユ川崎幸町」について、介護保険事業所の全部効力停止の処分を行いました。
　期間：平成28年2月1日から平成28年4月30日まで

3　処分の理由
（１）入居者に対する虐待
　介護職員が一人の入居者に対して、暴行を加える、暴言を発する等の虐待を複数回行っていた。また、この様な行為を管理者が把握しておらず、対策を講じていなかった。
（２）介護職員による窃盗事件
　介護職員が施設内で複数の入居者の金銭や貴金属を窃取していた。また、当該行為が行われた期間に、当該入居者からの相談を、事故又は苦情として処理し、有効な対策を講じていなかった。
（３）ベランダからの転落事故
　転落事故が連続して発生し、有効な対策が講じられていなかった等、業務管理体制が不適切であった。

4　処分期間中の遵守事項
（１）入居者及び家族に対して本処分に至った経緯や処分内容を十分に説明し、理解を得ること。
（２）入居者及び家族の意思に反して、施設から退居させないこと。
（３）処分期間中は、従来提供していたサービスと同様のサービスを提供すること。
（４）処分期間中は、介護保険の利用者負担の徴収はできないものであること。

川崎市健康福祉局長寿社会部高齢者事業推進課
電　話：044-200-2647

資　料

老発1113第1号
平成27年11月13日

各都道府県知事
指定都市市長　　殿
中核市市長

厚生労働省老健局長

養介護施設従事者等による高齢者虐待の再発防止及び
有料老人ホームに対する指導の徹底等について（通知）

　高齢者虐待の防止、高齢者の養護者に対する支援等に関する法律（平成17年法律第124号。以下「法」という。）に基づく対応の強化については、平成27年2月6日、老発0206第2号で高齢者虐待防止等の取組の推進及び市町村に対する周知徹底について、依頼したところです。（別紙1）
　しかしながら、最近、養介護施設従事者等による深刻な高齢者虐待等の事案が複数報道されていますが、利用者が安心して過ごせる環境を提供するべき養介護施設や養介護事業（以下「養介護施設等」という。）でそのような事案が発覚していることは、決してあってはならないことであり、極めて遺憾な事態であります。
　つきましては、法に基づく対応を強化するための留意事項等について、改めて下記のとおりお示ししますので、再発防止に向けた取組の強化に努められるとともに、貴管内市町村への周知についてお願い致します。

記

1　高齢者虐待防止における基本的事項
　高齢者虐待は、高齢者の尊厳を失わせる重大な問題であり、決してあってはならないことです。養介護施設従事者等を含む全ての国民が、高齢者の権利を擁護し、尊厳を守らなければならないという法の趣旨や内容を十分に理解することが不可欠です。
　養介護施設等の管理者においては、日頃から、事業所職員の状況、職場環境の問題等を把握するとともに、必要に応じ、養介護施設等を運営する法人の業務管理責任者に対し、報告等を適切に行う必要があります。当該法人の業務管理責任者は当該報告等に対して、助言や指導を行うことが業務です。このように、法人や事業所では業務管理体制におけるそれぞれの責任を果たす必要があります。
　こうした取組が十分でなく、養介護施設従事者等の一人一人の努力にのみ任せていると、職員のストレスが溜まりやすくなり、不適切なケアにつながるなど、高齢者虐待を引き起こす要因となる可能性があります。
　養介護施設等においては、事業所におけるストレスを軽減するとともに、介護の質を向上させる仕組みづくりに事業所全体が一丸となって、取り組むことが求められます。
　また、行政上の対応では、①高齢者虐待の未然防止、②高齢者虐待の早期発見、③

資料

高齢者虐待事案への迅速かつ適切な対応について、市町村を中心として、必要に応じて都道府県の支援を受けながら対応していくことが重要です。(別紙2・別紙3)

2　高齢者虐待の未然防止
　　法第20条では、「養介護施設の設置者又は養介護事業を行う者は、養介護施設従事者等の研修の実施、当該養介護施設に入所し、その他当該養介護施設を利用し、又は当該養介護事業に係るサービスの提供を受ける高齢者及びその家族からの苦情の処理の体制の整備その他の養介護施設従事者等による高齢者虐待の防止等のための措置を講ずるものとする」とされています。
　　養介護施設等において、研修、苦情処理及び内部監査を含めた業務管理体制全般について適切に運用されているかどうか、養介護施設等の管理者はもちろんのこと、養介護施設等を運営する法人においても適切に把握することが求められます。このため、都道府県及び市町村においては、①養介護施設等が自ら企画した研修を定期的に実施すること、②苦情処理体制が施設長等の責任の下、運用されること、③メンタルヘルスに配慮した職員面談等を組織的に対応すること、④業務管理体制を常に自主的に点検し、必要に応じ、体制の見直しや運用の改善に努めること等について、養介護施設等への指導・助言に努めていただきますようお願いします。
　　なお、養介護施設等の自主研修の企画においては、認知症介護研究・研修仙台センターが開発した「養介護施設従事者等による高齢者虐待の防止及びストレスマネジメント支援に向けた教育システム」(※)も積極的に活用されるよう、養介護施設等への周知をお願いします。
　　また、これに加えて、都道府県及び市町村においても、これまで以上に高齢者の権利擁護、身体拘束廃止及び虐待防止に関する研修や実地指導等に取り組んでいただく必要があると考えています。

　　(※)　認知症介護研究・研修仙台センターの開発した教育システム
　　　　http://www.dcnet.gr.jp/support/research/center/detail.html?CENTER_REPORT=58&center=3

3　虐待事案の早期発見
　法第5条第1項では、「養介護施設、病院、保健所その他高齢者の福祉に業務上関係のある団体及び養介護施設従事者等、医師、保健師、弁護士その他高齢者の福祉に職務上関係のある者は、高齢者虐待を発見しやすい立場にあることを自覚し、高齢者虐待の早期発見に努めなければならない」と規定されています。
　また、法第21条第1項では、「養介護施設従事者等は、当該養介護施設従事者等がその業務に従事している養介護施設又は養介護事業（略）において業務に従事する養介護施設従事者等による高齢者虐待を受けたと思われる高齢者を発見した場合は、速やかに、これを市町村に通報しなければならない」と、養介護施設従事者等の市町村への通報義務が定められています。
　さらに、同条第7項では、「養介護施設従事者等は、第1項から第3項までの規定による通報をしたことを理由として、解雇その他不利益な取扱いを受けない」と定められています。

資 料

　高齢者虐待への対応は、虐待を直ちに発見し、高齢者の安全を確保するため、できるだけ早い段階から、高齢者虐待の対応の窓口に情報が提供される必要があります。
　ついては、法第5条第1項、第21条第1項及び同条第7項の規定の内容が徹底されるよう、市町村と連携し、様々な機会を通じて、養介護施設従事者等へ周知・啓発に努めていただくようお願いします。
　加えて、社会福祉協議会、民生委員、介護相談員、自治会、NPO、ボランティア団体、家族の会といった地域に密着したメンバーで構成される「早期発見・見守りネットワーク」と日常的に連携協力を図ることは、高齢者虐待を早期に発見する上で、有効であると考えられます。このため、同ネットワークの構築がさらに向上するよう、市町村への助言・支援をお願いします。（別紙4）

4　虐待事案への迅速かつ適切な対応
（1）初動期段階の体制整備
　　　市町村又は都道府県に対し、虐待の相談・通報があったときは、訪問調査を速やかに実施できるよう、庁内関係部署及び関係機関からの情報収集などの初動期段階の体制を整えておくことが重要です。また、地域包括支援センターにおいては、高齢者虐待防止を含めた権利擁護業務が主要な業務の一つに位置付けられており、市町村は、地域包括支援センターと連携協力して、虐待事案に対応することが求められています。
　　　都道府県及び市町村における体制整備について、積極的な取組をお願いします。

（2）市町村の対応力強化
　　　虐待事案に迅速に対応するためには、まず、虐待の有無と緊急性を適切に判断することが重要であり、そのためには、市町村担当部署の管理職、担当職員、地域包括支援センター職員によって構成される会議において、市町村の責任の下判断することとなります。
　　　また、事案の内容に応じて、様々な専門的知見に基づく検討・助言が必要となる場合があること、また、生活保護ケースワーカー、保健センター保健師等の庁内関係部署の職員並びに医師、弁護士、社会福祉士等の専門的な助言者の出席を要請することも必要であることから、これらのことを踏まえ、都道府県においては、多職種による会議の設置・運営及び専門的な知見を有する者の活用等について、市町村に対する助言や広域的な観点からの支援をお願いします。

（3）介護保険法又は老人福祉法の権限行使等
　　　高齢者虐待に関する相談・通報がなされた場合、その内容に関する事実の確認を速やかに行い、高齢者本人等の状況を確認した後、虐待ケースの状況に応じて、養介護施設従事者等による虐待における介護保険法又は老人福祉法の権限行使等を行う必要があります。（別紙5）
　　　都道府県及び市町村においては、引き続き、高齢者虐待事案の内容に応じた適切な対応をお願いします。

資料

5　有料老人ホームに対する指導の徹底等

　有料老人ホームの設置運営については、「有料老人ホーム設置運営標準指導指針」（平成14年7月18日付け老発第0718003号　最終改正平成27年3月30日付け老発0330第3号。以下「標準指導指針」という。）において、その指導上の留意点を示しているところです。標準指導指針を参考として、各都道府県等で定められた指導指針等に基づき、貴管内における有料老人ホームの設置者に対して、入居者の心身の健康を保持し、その生活の安定を図る観点から、指導の徹底や継続的な指導を行われますようお願いします。

　また、3月30日付けで標準指導指針の改正を行い、有料老人ホームに該当するサービス付き高齢者向け住宅（以下「サ高住」という。）についても、標準指導指針の対象に追加しています。ついては、有料老人ホームに該当するサ高住についても、都道府県等において適確に把握した上、老人福祉法及び指導指針に基づく適切な指導を実施されますよう、お願いします。

（1）定期的な立入調査等を通じた指導の徹底

　　各都道府県等におかれては、定期的な立入調査等を通じて、貴管内の有料老人ホームの運営状況の把握に努め、必要に応じて都道府県等が適切に関与できる体制を平時から構築されますようお願いします。

　　特に立入調査に当たっては、介護保険担当部局はじめ他部局とも連携を図り、重要事項説明書の記載内容等に照らしつつ、居室の状況や介護サービスの実施状況等について調査し、必要に応じて指導指針に基づく指導を行うとともに、入居者の処遇に関する不当な行為が認められるときは、入居者の保護を図る観点から、迅速にその改善に必要な措置をとるよう指導等をお願いします。また、その後改善策が適切に講じられているかを確認するなど、各都道府県において再発防止に向けた継続的な対応を行われますようお願いします。

　　なお、公益社団法人全国有料老人ホーム協会（以下「有老協」という。）では、都道府県等に対して、有料老人ホームの運営や指導に関する情報提供、集団指導への講師派遣など、必要に応じて都道府県等の行政指導に関する協力を行っています。ついては、有料老人ホームに対する指導及び協議に当たっては、必要に応じ、有老協と連携を図られますようお願いします。

（2）適正な事業運営に向けた外部点検等の取組

　　有料老人ホームは、高齢者福祉に大きく関わる住まいの場であり、地域に開かれた存在であることが求められています。また、有料老人ホーム事業の適正な運営に向けては、職員及び入居者以外の第三者的立場にある学識経験者、民生委員等と積極的に連携を図り、外部からの点検が働くような取組も重要です。

　　ついては、有料老人ホームの設置者に対し、透明性の確保に向けた自主的な取組や地域との定期的な交流など、入居者やその家族はもちろん、地域との繋がりを強化する取組を促進されますようお願いします。

資　料

別紙1

老発0206第2号
平成27年2月6日

各都道府県知事　殿

厚生労働省老健局長

高齢者虐待の防止、高齢者の養護者に対する支援等に関する
法律に基づく対応の強化について

　高齢者虐待の防止、高齢者の養護者に対する支援等に関する法律（平成17年法律第124号。以下「法」という。）に基づく各地方公共団体等の対応状況等（平成25年度実績）については、「高齢者虐待の防止、高齢者の養護者に対する支援等に関する法律に基づく対応状況等に関する調査について（依頼）」（平成26年7月22日付け老推発0722第1号厚生労働省老健局高齢者支援課認知症・虐待防止対策推進室長通知）により調査を実施し、本日その結果を公表したところです。
　今般、当該調査結果等を踏まえ、法に基づく対応を強化するための留意事項等について、改めて下記のとおりお示ししますので、取組の推進をお願いするとともに、貴管内市町村に対して周知徹底を図っていただきますようお願いします。

記

1　高齢者虐待防止における基本的事項
　　高齢者虐待については、①高齢者虐待の未然防止、②高齢者虐待の早期発見、③高齢者虐待事案への迅速かつ適切な対応について、市町村を中心として、必要に応じて都道府県の支援を受けながら対応していくことが重要です。
　　高齢者虐待を未然に防止するためには、地域住民や養介護施設従事者等が高齢者虐待に関する正しい知識と理解を持ち、虐待を発生させない地域づくりや施設等の体制整備を目指すことが求められます。
　　また、高齢者虐待を早期に発見し問題の深刻化を防ぐためには、近隣住民をはじめ、民生委員や自治会などの地域組織、介護保険サービス事業者など高齢者を取り巻く様々な関係者が高齢者虐待に対する認識を深め、虐待の兆候に気付くことが大切です。
　　さらに、高齢者虐待事案が発生した場合には、虐待を受けた高齢者を迅速かつ適切に保護するとともに、養護者に対する適切な支援や施設等への指導・助言を行うことが必要です。
　　法では、住民に最も身近な行政主体である市町村が、第一義的に責任を持つ役割を担うことが規定されていますが、都道府県は、市町村間の連絡調整、市町村に対する情報の提供のほか、市町村が行う虐待対応を支援するために、地域の実情に応じて、高齢者を分離保護するための居室確保、広域的視点からの社会資源の調整、市町村に対する専門的な支援、専門的人材の育成といった体制の整備に努めることが求められています。

資　料

2　高齢者虐待の未然防止

　養介護施設従事者等による虐待における虐待の発生要因としては、「教育・知識・介護技術等に関する問題」や「職員のストレスや感情コントロールの問題」が多く報告されました。また、介護従事者全体と比較すると、「男性」や「30歳未満」の虐待者の割合が高い傾向が見られます。さらに、被虐待高齢者の認知症の程度と虐待種別との関係では、認知症日常生活自立度（以下「自立度」という。）Ⅱ以上は84.8％と、被虐待高齢者の大半を占めています。

　養護者による虐待における虐待の発生要因としては、「虐待者の介護疲れ・介護ストレス」「虐待者の障害・疾病」「家庭における経済的困窮（経済的問題）」が多く報告されました。また、被虐待高齢者の要介護度、認知症の自立度又は寝たきり度が高くなると「介護等放棄」が多くなることが報告されました。寝たきり度が高い場合、虐待の深刻度が重くなる傾向が見られます。さらに、介護保険サービスを受けているケースでは、虐待の深刻度が低い「深刻度1」「深刻度2」の割合が他に比べて高く、過去受けていたが判断時点では受けていないケースでは、「深刻度5」の割合が全体に比して高いといった傾向が見られます。

　以上のことを踏まえ、高齢者虐待を未然に防止するための対策として、次のことに重点的に取り組んでいただきますようお願いします。

（1）施設従事者等への研修等

　　養介護施設従事者等への研修やメンタルヘルスに配慮した職員面談等を組織的に対応することが重要です。国では、高齢者権利擁護等推進事業において、介護施設等の指導的立場にある者や看護職員を対象として都道府県が実施する研修を補助の対象としており、平成26年度においては32団体で活用されています。

　　都道府県においては、本事業の積極的な活用等を通じ、施設従事者等に対する研修の機会を確保するとともに、研修の内容が今回の調査結果を踏まえたものとなるようにするなど、適切な対応に努めていただきますようお願いします。

　　また、認知症介護研究・研修仙台センター（以下「仙台センター」という。）が開発した「養介護施設従事者等による高齢者虐待の防止及びストレスマネジメント支援に向けた教育システム」が養介護施設等の内部研修等において積極的に活用されるよう、都道府県や市町村を通した養介護施設等への周知をお願いします。

（2）地域住民への啓発

　　介護保険サービス事業者はもとより、地域住民に対しても、高齢者虐待の防止、養護者に対する支援等の重要性に関する理解や、認知症に関する正しい理解と知識を持ってもらうことが重要です。国では、高齢者権利擁護等推進事業において、高齢者虐待の防止に関するシンポジウムの実施や広報誌等による普及啓発を補助の対象としており、平成26年度においては42団体で活用されています。

　　都道府県においては、引き続き、本事業の活用等を通じ、普及啓発に努めていただきますようお願いします。

資　料

（3）介護保険サービスの適切な活用

　　　介護保険サービスを受けているケースでは、虐待の程度（深刻度）が低い傾向が見られることから、介護保険サービスの利用は、高齢者虐待を未然に防止したり、仮に虐待が起きた場合にもその程度を低くすることに繋がっていると考えられます。

　　　ついては、介護の負担感が高いと考えられる家庭を把握し、これらの家庭に対して、介護保険サービスの適切な活用を図るよう、市町村への助言・支援をお願いします。

（4）認知症への理解を深めるための普及啓発と認知症の人の介護者への支援

　　　養介護施設従事者等による虐待では、自立度Ⅱ以上の被虐待高齢者が84.8％、養護者による虐待では要介護認定者の70.4％であり、虐待を受けた高齢者には、認知症の人が多いといった調査結果が見られました。

　　　先般策定した「認知症施策推進総合戦略～認知症高齢者等にやさしい地域づくりに向けて～」（新オレンジプラン）においては、

　　① 認知症に関する正しい知識と理解を持って、地域や職場で認知症の人やその家族を手助けする認知症サポーターの養成の推進
　　② 認知症の人の介護者の負担軽減策として、
　　　・認知症初期集中支援チーム等による早期診断・早期対応
　　　・認知症カフェ等の設置
　　　・家族向けの認知症介護教室等の普及促進

等に取り組むこととしており、介護保険制度の地域支援事業の実施や地域医療介護総合確保基金の活用により、市町村で積極的な取組・支援がなされるよう、助言をお願いします。

3　虐待事案の早期発見

　　法第18条では、市町村は、高齢者虐待及び養護者支援に関する相談の実施、通報や届出の受理、相談者に対する助言・指導等を行う部門を明確化し、窓口を設置し、広く住民や関係機関に周知することが定められています。

　　本調査結果では、高齢者虐待の対応の窓口となる部門の住民への周知について、平成25年度中に実施済みの市町村の割合は83.3％でした。

　　高齢者虐待への対応は、問題が深刻化する前に発見し、高齢者や養護者に対する支援を開始することが重要であり、そのためには、できるだけ早い段階から、高齢者虐待の対応の窓口に情報が提供される必要があります。

　　ついては、地域住民に対してより一層の周知が図られるよう、市町村への助言・支援をお願いします。

　　また、社会福祉協議会、民生委員、介護相談員、自治会、NPO、ボランティア団体、家族の会といった地域に密着したメンバーで構成される「早期発見・見守りネットワーク」と常日頃から連携協力を図ることは、高齢者虐待を早期に発見する上で、有効であると考えられますが、本調査結果では、同ネットワークの構築済みの市町村の割合は73.4％でした。

ついては、同ネットワークの構築がさらに向上するよう、市町村への助言・支援をお願いします。

4 虐待事案への迅速かつ適切な対応
（1）初動期段階の体制整備

本調査結果では、虐待の相談・通報の受理から事実確認開始までの期間が28日以上要した案件が、養介護施設従事者等による虐待では131件、養護者による虐待では329件でした。

市町村又は都道府県に対し、虐待の相談・通報があったときは、高齢者や養護者への訪問調査を速やかに実施できるよう、庁内関係部署及び関係機関からの情報収集などの初動期段階の体制を整えておくことが重要です。また、地域包括支援センターにおいては、高齢者虐待防止を含めた権利擁護業務が主要な業務の一つに位置付けられており、市町村は、地域包括支援センターと連携協力して、虐待事案に対応することが求められています。

都道府県及び市町村における体制整備について、積極的な取組をお願いします。

（2）高齢者虐待対応ネットワークの構築

高齢者虐待事案が発生した後、高齢者、養護者ともに、保健・医療・福祉などにわたって支援（介入）が必要になるケースや、医療・法律・福祉の専門職からの助言を受ける必要があるケースが多くあります。

本調査結果では、居宅介護支援事業所、介護サービス事業所、保健センター、医療機関等からなる「保健医療福祉サービス介入支援ネットワーク」の構築について、実施済み市町村の割合は50.0％であり、また、行政機関（警察、消防、保健所、精神保健福祉センター）、法律関係者（弁護士、権利擁護団体、家庭裁判所、消費者センター）、医療機関等からなる「関係専門機関介入支援ネットワーク」の構築について、実施済み市町村の割合は50.4％と、依然として実施割合が5割前後に止まっている傾向が見られます。

については、これらのネットワークの構築がさらに向上するよう、市町村への助言・支援をお願いします。その際、仙台センターが取りまとめた「高齢者虐待防止・養護者支援法施行後の5年間」（http://www.dcnet.gr.jp/support/research/center/detail.html?CENTER_REPORT=15）におけるネットワークの構築等の取組事例も参考とするよう、併せて周知をお願いします。

（3）市町村の対応力強化

本調査結果では、虐待の相談・通報の受理から虐待確認までの期間が28日以上要した案件が、養介護施設従事者等による虐待では55件、養護者による虐待では265件でした。

虐待事案に迅速に対応するためには、まず、虐待の有無と緊急性を適切に判断することが重要であり、そのためには、市町村担当部署の管理職、担当職員、地域包括支援センター職員によって構成される会議において、市町村の責任の下判断することとなります。

資　料

　　　また、事案の内容に応じて、様々な専門的知見に基づく検討・助言が必要となる場合があること、また、生活保護ケースワーカー、保健センター保健師等の庁内関係部署の職員、医師、弁護士、社会福祉士等の専門的な助言者の出席を要請することも必要であることから、これらのことを踏まえ、市町村に対する助言や広域的な観点からの支援をお願いします。
　　　さらに、公益社団法人日本社会福祉士会が虐待対応に関する研修プログラムを開発し、全国的な研修を行っています。ついては、市町村に対し、地域包括支援センター職員など、虐待対応に従事する担当者の育成に当たり、こうした研修も十分活用し、現場における対応力の強化に努めるよう周知をお願いします。

（４）やむを得ない事由による措置等
　　　高齢者虐待に関する相談・通報がなされた場合、その内容に関する事実の確認を速やかに行い、高齢者本人や養護者の状況を確認した後、虐待ケースの状況に応じて、高齢者の保護（養護者との分離）や老人福祉法に基づく市町村長によるやむを得ない事由による措置、面会の制限、養介護施設従事者等による虐待における介護保険法又は老人福祉法の権限行使等を行う必要があります。
　　　都道府県及び市町村においては、引き続き、高齢者虐待事案の内容に応じた適切な対応をお願いします。また、養護者が介護負担を抱えていたり、経済的に困窮しているなど、支援が必要と考えられる場合には、養護者に対しても、必要に応じて精神的な支援や生活支援を行われるよう市町村に対して助言をお願いします。

5　市町村に対する都道府県の支援
　　法第19条において、都道府県は、養護者による高齢者虐待の防止を図るために、市町村が行う法第２章に規定する措置の実施に関し、広域的な観点から市町村相互間の連絡調整、市町村に対する情報の提供その他必要な援助を行うとともに、市町村が行う措置の適切な実施を確保するため必要があると認めるときは、市町村に対し、必要な助言を行うことができるとされています。
　　また、市町村単独では、虐待を受けた高齢者の保護・分離の措置がなされるまでの間の緊急・一時的な避難場所を確保することが困難なケースがあることから、国では、高齢者権利擁護等推進事業において、高齢者虐待防止シェルター確保事業を設けています。
　　都道府県においては、本事業の活用集を通じ、高齢者を分離保護するための居室確保に努めていただきますようお願いします。
　　さらに、弁護士等による専門職チームなどを活用した権利擁護相談窓口の設置については、対応困難事例に対する有効な取組であることから、当該取組の積極的な推進に努められるようお願いします。

6　その他
（１）成年後見制度の利用促進と権利擁護人材の育成
　　　法第28条は、成年後見制度の利用促進を定めていますが、今回の調査結果でも当該制度が利用されている件数は、手続き中も含めて1,134件であり、虐待判断件数

資　料

等に比して利用が低調でした。また、介護保険制度の地域支援事業における成年後見制度利用支援事業では、成年後見制度の利用に係る経済的負担の軽減を図っていますが、平成25年度における本事業の実施市町村は全体の73％であり、全ての市町村で実施されている状況にはありません。

　成年後見制度は、認知症高齢者等の権利擁護や虐待防止を図る上で重要であり、今後、認知症高齢者や一人暮らし高齢者が増加していく状況を踏まえ、市町村において、市町村長による申立が一層活用されるよう助言・支援をお願いします。

　また、成年後見制度の活用を促すだけでなく、介護保険サービスの利用援助や日常生活上の金銭管理等の支援から成年後見制度の利用に至るまでの支援が、切れ目なく、一体的に確保される体制の整備も重要であり、平成27年度予算案においては、権利擁護に関する人材の育成を総合的に推進する「権利擁護人材育成事業」を創設し、地域医療介護総合確保基金を充てて実施する事業メニュー（介護人材確保対策）に位置づけているので、同基金の積極的な活用をお願いします。

（２）都道府県・市町村における調査結果の分析・活用

　高齢者虐待対応を推進するためには、都道府県・市町村において、管内の実態を十分に分析・把握したうえで、適切に体制を整備し施策を推進することが必要です。本調査は、都道府県や市町村単位で調査結果を分析・活用することが可能なシステムとなっており、別途、各都道府県あて、個別集計表を送付しています。

　については、この集計表を活用して、都道府県内の実態を分析し、その結果を把握した上で高齢者虐待に対応されるようお願いします。併せて、市町村においても同様に分析・活用されるよう周知をお願いします。

（３）高齢者虐待の防止に関する取組状況の把握

　市町村における体制整備等の取組状況と養護者虐待に関する相談・通報件数及び虐待確認件数の各々との関連を見ると、取組の項目が多く行われている市町村では高齢者人口比当たりの件数がいずれも多く、取組の項目が少ない市町村ではいずれも少ない傾向が見られます。

　高齢者虐待は、全ての市町村において発生する可能性があることから、虐待事例の多寡に関わらず、市町村が効率的・効果的に住民の実態把握を行い、地域から支援を必要とする高齢者を見出し、総合相談につなげるとともに、適切な支援や継続的な見守りを行い、さらなる問題発生の防止に取り組むことが極めて重要です。

　については、虐待防止対応のための体制整備等について未実施の市町村における体制整備を推進する観点を中心に、国においても市町村における実情等を都道府県を通じて把握することとしているので、都道府県においては、当該市町村における取組状況等についてヒアリングを実施していただき、必要な助言や情報提供を行うなどの支援に努めていただきますようお願いします。

資　料

老発0219第1号
平成28年2月19日

各都道府県知事　殿

厚生労働省老健局長

　　　平成26年度「高齢者虐待の防止、高齢者の養護者に対する支援等に関する
　　　法律に基づく対応状況等に関する調査」の結果及び養介護施設従事者等
　　　による高齢者虐待の状況等を踏まえた対応の強化について（通知）

　本年2月5日に、高齢者虐待の防止、高齢者の養護者に対する支援等に関する法律（平成17年法律第124号。以下「法」という。）に基づく対応状況等に関する平成26年度の調査結果を公表したところです。（※）

　本調査中、養介護施設従事者等による虐待では、相談・通報件数は1,120件、虐待判断件数は300件と、前年度の962件、221件から大幅に増加しています。また、養護者による虐待では、相談・通報件数は25,791件、虐待判断件数は15,739件と、前年度の25,310件、15,731件からやや増加しており、減少傾向には至っていない状況です。

　ご承知のとおり、平成27年2月6日付け老発0206第2号及び同年11月13日付け老発1113第1号で、法に基づく対応の強化、養介護施設従事者等による高齢者虐待の再発防止及び有料老人ホームの指導徹底について依頼したところです。

　しかしながら、本年2月15日、有料老人ホームに入居する高齢者に対する殺人容疑で当該老人ホームの元職員が逮捕されるなど、養介護施設従事者等による深刻な高齢者虐待等の事案が複数報道される状況にあります。当該事件については現在警察で捜査中ですが、利用者が安心して過ごせる環境を提供するべき養介護施設等でそのような事案が発覚していることは、決してあってはならないことであり、極めて遺憾な事態と認識しています。

　つきましては、平成27年2月6日付け老発0206第2号及び同年11月13日付け老発1113第1号に加え、改めて下記のことにご留意の上、類似の高齢者虐待事案が再発することがないよう、虐待が発生した原因の分析や未然防止策の検証、高齢者虐待防止に向けた体制整備の充実・強化等に、なお一層のご尽力をいただくとともに、貴管内市町村への周知及び支援並びに関係団体・機関及びこれらを通じた介護施設・事業所等への周知及び指導を徹底していただくようお願いします。

　　（※）調査結果
　　　　http://www.mhlw.go.jp/stf/houdou/0000111629.html

資　料

記

【本通知の要点】
● 高齢者虐待防止における基本的事項
　高齢者虐待対応の体制整備にあたっては、相談・通報の受付窓口の整備、事実確認の手順の標準化、関係機関との連携協力体制、関係法令の権限行使に関する事務処理体制等について、幅広くかつ定期的に検討する必要。
● 高齢者虐待の未然防止及び早期発見
　養介護施設従事者等への研修等に重点的に取り組むとともに、高齢者虐待の兆候をきめ細かく把握し、できる限り早期に発見し、対応していくことが重要。
● 初期段階における迅速かつ適切な対応
（1）相談・通報の受理から事実確認開始までに28日（4週間）以上を要しているケースも相当数報告あり。
（2）情報元の明確化や、曖昧な情報をできるだけ数値化して確認することで、相談・通報の受理から事実確認開始までの期間等を短縮。
● 先進的な取組事例を参考とした地域の実情に応じた体制整備等の充実

1　高齢者虐待防止における基本的事項
（1）市町村等の体制整備
　　市町村を中心とする関係機関が、高齢者虐待の疑いのある事案を的確に把握し、早期に対応するためには、地域包括支援センターや都道府県も含めた関係機関における体制整備等の充実が重要です。
　　市町村等が、高齢者虐待対応の体制整備の構築や見直しにあたっては、相談・通報の受付窓口の設置・周知・閉庁時間の対応、事実確認の手順の標準化、虐待判断・対応ケース会議の運営方法、関係機関との連携協力体制、高齢者虐待防止法、老人福祉法及び介護保険法の権限行使に関する事務処理体制等について、幅広くかつ定期的に検討されることが望まれます。
　　高齢者虐待に関する相談・通報件数の約96％が、養護者による高齢者虐待に関するものであり、市町村の体制の構築や見直しにあたっては、養護者による高齢者虐待に対応するための視点に偏りがちですが、養介護施設従事者等による高齢者虐待に適切に対応できるかどうかといった視点で検討することも重要です。
　　また、養介護施設従事者等による高齢者虐待への対応実績が、養護者による高齢者虐待への対応実績に比べて少なく、その経験が蓄積されにくいことから、専門的な対応が可能となるよう、市町村と都道府県との連携強化を図っていただきますようお願いします。

（2）高齢者権利擁護等推進事業の活用
　　高齢者権利擁護等推進事業において、①介護施設等の指導的立場にある者や看護職員を対象として都道府県が実施する研修、②高齢者虐待の防止に関するシンポジウムの実施や広報誌等による普及啓発、③高齢者虐待防止シェルターの確保、④弁護士、社会福祉士等の専門職による権利擁護相談窓口の設置、⑤身体拘束ゼロ作戦

資　料

推進会議の開催等を都道府県が行う経費（委託を含む。）を国庫補助の対象としているので、積極的にご活用いただきますようお願いします。

2　高齢者虐待の未然防止

高齢者虐待を未然に防止するための対策として、市町村との連携の下、引き続き、①養介護施設従事者等への研修、②地域住民への啓発、③介護保険サービスの適切な活用、④「認知症施策推進総合戦略～認知症高齢者等にやさしい地域づくりに向けて～」（新オレンジプラン）に掲げる認知症への理解を深めるための普及啓発と認知症の人の介護者への支援等に重点的に取り組んでいただきますようお願いします。

3　高齢者虐待事案の早期発見

高齢者虐待事案は、過去の虐待判断件数の有無や虐待事案の発生の多寡に関わらず、全ての都道府県、市町村において発生する可能性があります。

また、高齢者本人の判断能力が低下している場合には、高齢者自身が虐待を受けているといった自覚がなく、また、虐待を受けたことを他に訴えることができなかったり、虐待者やその周辺の者も虐待が行われているといった認識に欠ける場合があります。

一方、本調査においては、虐待防止対応の体制整備等が進んでいる市町村ほど、高齢者人口当たりの虐待判断件数が多いといった傾向となっており、虐待防止対応の体制整備や相談・通報制度の周知等を推進することで、高齢者虐待に対する認識が深まり、相談・通報件数や虐待判断件数の増加に繋がり、潜在的な虐待事案を顕在化させるという効果が現れます。このため、発生した虐待事案の兆候をきめ細かく把握し、できる限り早期に発見し、初期段階において迅速かつ適切な対応に努めること、また、対応後の検証を行うことで、将来起こりうる虐待を未然に防止するための取組を検討し、着実に推進していくことが重要です。

4　初期段階における迅速かつ適切な対応

本調査において、養介護施設従事者等による高齢者虐待では、相談・通報の受理から事実確認開始までの期間の中央値は6日、相談・通報の受理から虐待確認までの期間の中央値は12日でした。また、養護者による高齢者虐待では、相談・通報の受理から、事実確認開始までの期間の中央値は0日（即日）、相談・通報の受理から虐待確認までの期間の中央値は1日（翌日）であり、概ね迅速に対応していることが確認されています。

しかしながら、相談・通報の受理から事実確認開始までに28日（4週間）以上を要しているケースも相当数報告されています。市町村にヒアリングしたところ、「最初の通報・相談を受理した時点では情報不足であった」「相談・通報の内容から虐待ではないと判断されたが、その後の別の相談・通報で虐待が確認された」「虐待判断の過程で、遡って記録を確認したところ、相談・通報らしきものが過去にもあった」等が典型的な事例でした。

高齢者虐待につながる情報は、様々な立場の人や機関から寄せられるため、情報提供者の属性により、情報の質が異なったり、情報内容に価値観や感情が入りやすいと

資 料

いった特質があります。そのため、情報提供者と高齢者との関係に留意した上、情報提供者自身による目撃であるのか、推測情報であるのか、誰からの伝聞情報なのかを明確にするとともに、情報提供者からの聞き取りにあたっては、曖昧な情報をできるだけ数値化して確認することにより、相談・通報の受理から事実確認開始までの期間等を短縮させることが重要です。（参考文献：社団法人日本社会福祉士会編集「市町村・地域包括支援センター・都道府県のための養護者による高齢者虐待対応の手引き」（第４章　初動期段階　第２節　相談・通報・届出の受付）　※平成22年度老人保健健康増進等事業による）

5　先進的な取組事例を参考とした地域の実情に応じた体制整備等の充実
　　以下のとおり、先進的な取組事例をお示ししますので、これらの事例も参考とされ、地域の実情に応じた体制整備等の充実に努めていただきますようお願いします。

（1）全体的な取組事例
　○　法施行前から高齢者虐待の予防・早期発見・早期対応・再発予防に取り組む（ネットワークの整備、警察署との連携、緊急時の受入体制の整備など）（千葉県松戸市）　　別紙１
　○　平成13年４月の高齢者虐待防止ネットワーク事業実施、平成16年４月の高齢者虐待防止センター開設など、法施行前から取り組む。保健師等による相談、ネットワークミーティング、研修会、市民啓発を柱とした施策を推進（神奈川県横須賀市）
　　　　　　　　　　　　　　　　　　　　　　　　　　　　　別紙２（略）
　○　県が広域的な観点から、高齢者虐待防止に関する対応の各種マニュアル、虐待対応事例集等を作成し、県のホームページで公開（神奈川県）
　　http://www.pref.kanagawa.jp/cnt/f3673/

（2）養介護施設従事者等の研修に関する取組事例
　○　介護施設等による自発的な課題発見や日々のケアの改善につなげるため、介護従事者研修用映像を作成し、市のホームページや動画共有サイトを通じて情報提供（兵庫県神戸市）
　　http://www.city.kobe.lg.jp/life/support/carenet/koureishagyakutai_boushi/
　　https://www.youtube.com/watch?v=R-JykrXdkaw

（3）ネットワークの整備や地域の見守り等に関する取組事例
　○　高齢者虐待防止のネットワーク充実・強化のため、関係機関の代表者会議と実務者会議を設置、関係機関相互間の連携強化やそのための環境整備に取り組む。また、緊急受理会議で迅速な判断と対応方針の決定、個別ケース会議で具体的な支援方針の検討・決定に取り組む（東京都国分寺市）　別紙３（略）

　○　県が広域的な観点から、地域の関係者や一般県民に普及啓発することで、地域包括支援センターを中心とした高齢者虐待防止ネットワークの構築を促進（高齢者虐待防止サポーターの育成、地域の見守り機能支援、広域ネットワークの運営等）（新

資　料

　　潟県）　別紙4（略）

　なお、厚生労働省においても、高齢者虐待の取組の充実に資するための市町村の担当職員を対象としたセミナーを近日中に開催（別途通知）予定としているので、積極的に参加していただけるよう、ご配慮願います。

おわりに

　ケアする人のケアをテーマとして介護労働における感情労働を研究した私が、高齢者虐待をテーマとして研究を始めたきっかけは以下のような思いが湧いてきたからである。介護労働者による高齢者虐待は感情労働と別物なのではなく、感情労働の失敗例として感情労働の延長上に位置し、実は内包されているものとして取り扱わなければならないと考える。そうしなければ介護労働者による高齢者虐待はなくならないだろう。
　私が老人ホームの職員として働いていた頃、行政の措置によって入所する当時の老人ホームは、社会の縮図に感じられて仕方なかった。地域社会から困った人と烙印を押され、その空間から排除されてしまう。新たな生活の場である老人ホームにおいても、認知症のために自分のことが自分でできなくなってしまうと、入所者間で罵り合うような光景が発生する。老人ホームのヒエラルキーは、社会のヒエラルキーと何ら変わりはない。もちろん、職員間のヒエラルキーも存在しているが、もっと厄介なことは、入所者と職員という逆転することのない「介護される者」と「介護する者」、そして介護保険制度施行後は「利用料を払っている者」と「利用してもらっている者」という絶対的なヒエラルキーの存在である。老人ホームが、見えない力によって人間関係がギスギスしているのである。
　小学校時代に、担任の先生から「相手の立場に立って考えなさい」と教えられた体験を持つ人も多いだろう。しかし、相手の立場にということは、わかるようでわからないのも事実である。どうすれば相手の立場に立って考えたことになるのだろうか。介護の仕事に就くと「相手」が「利用者の立場で」と言葉が置き換わった。自分が理解できないのに、このことを学生にどう教えればいいのかと悩み、何か傲慢なことを学生に要求しているようにさえ感じた。相手の立場に立って考えるという自分で推測すること、そしてそれは完璧な答えではないことを前提としなければならず、自分の推測が正しいのかは言葉にして相手に確認しなけ

ればわからないのである。つまり、こうした一連のコミュニケーション能力が人間関係には必要であるにも関わらず、コミュニケーションによって傷つきたくないという自分の防衛心から、相手に確認することなく、自分が推測したことが相手にとって正しい答えと思い込んでしまう傾向があると感じている。

　本書ができあがる間際の平成28（2016）年7月26日に、戦後最悪の事態と報道された相模原障害者施設殺傷事件が起きた。まだまだ捜査段階であり軽々に言うことは慎まなければならないが、報道の範囲で本書との関連を解釈すれば、虐待の延長には殺人という最悪の事態につながるものであることを再認識しなければならない。この事件でも犯人の価値観は自らの中だけで正しいものであり、施設入所者やその家族の言葉を確認したものではなく、自分の考えが絶対正しいという思い込みが殺人事件に至らしめてしまった。今後、社会の安全性と個人の人権を尊重することが対峙して語られていくことだろう。

　特に最近、保育士不足が急速に問題視されている。この報道に触れるたびに、介護の二の舞だと感じてしまう。介護人材不足や介護労働環境の問題が表面化し社会問題となった時、筆者にはその光景が看護師の人材不足や労働環境改善運動の二番手に映った。そして、高齢者の介護問題や特養待機者問題が、当時は問題視されていなかった児童分野にも派生しなければよいと感じていた。しかし、そのことは現実となり、待機児童問題や保育士の低賃金、モンスターペアレントに疲弊する労働環境など、言葉が違っているだけで介護労働者に起きている問題は、保育労働者にも同じように当てはまっているのである。

　本書では、虐待の芽をいかに早く見つけるのか、そのことを組織としてどう対応するのかを模索してきた。思い込みの介護が虐待に至るリスクを高めることとなり、だからこそコミュニケーション能力を身につけることが、介護労働の基本中の基本である気がしてならない。コミュニケーション能力は、利用者との良好な関係形成のみならず、職員間で間違っていることを指摘し合い、改善に向けていくコミュニケーションも

必要である。介護現場は、「おかしい」と声をあげないサイレント・マジョリティを温床化させてはいけない。虐待の芽を見つけても見ないことにしたり、言わずにいるということは、虐待の芽を黙って育てていることに加担していることである。自覚なき虐待の存在を感じて欲しい。このような思いから私は現在、高齢者虐待防止研修の方法を変えることにチャレンジしている。これまでの講義一辺倒の受け身的学習から、参加者が主体となる討議による能動的学習の研修形態に取り組んでいる。研修開催者のご理解とご協力が無ければ実現しない研修スタイルであるが、介護労働者による高齢者虐待を自分事とすることがようやく高齢者虐待防止のスタートラインだと思うようになった。

最後に、執筆にあたり多くの方々にご協力いただいたことを深く感謝申し上げたい。介護現場の多忙な中、アンケート調査にご協力くださった全国の介護労働者の皆様に、お礼を申し上げたい。中でも、アンケート調査票の余白に、研究への励ましを記して返信くださった方や、ご自身の事業所の研修制度を資料として添付くださった方にお礼を申し上げたい。そして、情報開示請求や取材に応じていただいた行政機関の皆様に感謝いたします。

本書の出版に際して、介護現場の実態や高齢者虐待防止対策の現状に非常に関心を寄せていただき、介護労働者を守るために社会にどう問うていくかを温かく励ましてくださり、多大なご協力をいただいた(株)ぎょうせいの皆様に心より感謝申し上げます。

平成28年9月

吉田　輝美

〈著者紹介〉
○吉田　輝美（よしだ　てるみ）
・博士（社会福祉学）
・昭和女子大学大学院　生活機構研究科　福祉社会研究専攻　准教授
・昭和女子大学　人間社会学部　福祉社会学科　准教授
　老人ホームで介護職員・生活相談員として勤務した経験から、介護人材育成についてコミュニケーションスキルトレーニングや心のケアの必要性を感じ、ケアする人のケアをテーマとして研究している。近年は、慶應義塾大学ビジネス・スクールでケースメソッド・インストラクターの認定を受け、ケースメソッドによる高齢者虐待防止研修を実践している。

【主な著書】
・「社会保障制度と税の一体改革でこう変わる　入門　社会保障制度」
　（共著・2014年10月発刊・ぎょうせい）
・「介護従事者のための応対接遇ガイド」
　（単著・2012年8月発刊・ぎょうせい）
・「ここをチェック！介護サービスの損しない使い方」
　（共著・2011年3月発刊・ぎょうせい）

介護施設で何が起きているのか
～高齢者虐待をなくすために知っておきたい現場の真実～

平成28年10月1日　第1刷発行

著　者　　吉田　輝美

発　行　　株式会社ぎょうせい

〒136-8575　東京都江東区新木場1-18-11
電　話　編集　03-6892-6508
　　　　営業　03-6892-6666
フリーコール　0120-953-431

URL：http://gyosei.jp

〈検印省略〉

印刷　ぎょうせいデジタル㈱
※乱丁・落丁本はお取り替えいたします。©2016 Terumi Yoshida Printed in Japan
※無断転載・複製を禁ず

ISBN978-4-324-10201-5
(5108284-00-000)
[略号：介護虐待]

··· MEMO ···

··· MEMO ···